为伊消得人憔悴
柳永词传

锦熙 —— 著

远方出版社

图书在版编目（CIP）数据

为伊消得人憔悴：柳永词传／锦熙著. －－ 呼和浩特：远方出版社，2022.8
ISBN 978－7－5555－1370－4

Ⅰ.①为… Ⅱ.①锦… Ⅲ.①柳永（约987－1053）－传记 Ⅳ.①K825.6

中国版本图书馆CIP数据核字（2022）第140321号

为伊消得人憔悴：柳永词传
WEI YI XIAODE REN QIAOCUI LIUYONG CIZHUAN

作　　者	锦　熙
责任编辑	奥丽雅
责任校对	安歌尔
封面设计	VIOLET
版式设计	赵艳霞
出版发行	远方出版社
社　　址	呼和浩特市乌兰察布东路666号　邮编：010010
电　　话	（0471）2236473总编室　2236460发行部
经　　销	新华书店
印　　刷	固安兰星球彩色印刷有限公司
开　　本	880毫米×1230毫米　1/32
字　　数	188千
印　　张	7.5
版　　次	2022年8月第1版
印　　次	2022年8月第1次印刷
印　　数	1—5 000册
标准书号	ISBN 978－7－5555－1370－4
定　　价	42.00元

如发现印装质量问题，请与出版社联系调换

序 言

为伊消得人憔悴

柳永,崇安(今福建省武夷山)人,原名三变,字景庄,后改名永,字耆卿,因排行第七,又称"柳七",宋仁宗时期进士。暮年及第的柳永历任睦州团练推官、余杭县令、泗州判官等职,以屯田员外郎致仕,世称"柳屯田"。

柳永,官宦之家出身,北宋词坛大家之一,宋词婉约派代表人物,自称"白衣卿相"。柳永的父亲柳宜自南唐以伪官身份归宋,任雷泽县令、濮州城令。柳永出生于其父任所,即沂州费县(今山东省费县)。宋至道三年(997年),柳宜迁至国子博士,命其弟携画像前往故里崇安,以慰家母思念,柳永随叔父归乡。宋咸平元年(998年),柳永居家乡,游览名胜中峰寺,读到《眉峰碧·蹙破眉峰碧》(即《卜算子》)一词,甚爱之,将这首词题写在墙上,用心琢磨。他后来写的传世名作《雨霖铃·寒蝉凄切》，似有《眉峰碧·蹙破眉峰碧》的痕迹。

柳永的科考之路坎坷，至少三次落第，直到宋景祐元年（1034年）才中进士，当时他已年近五旬，故后人说"入第已老"。然而，柳永的仕途也不得意。宋景祐二年（1035年），经吕蔚举荐，升迁未果。宋庆历二年（1042年），作《醉蓬莱·渐亭皋叶下》献给宋仁宗，因词中用了忌讳之语，惹得宋仁宗大怒。这首献词成为他升迁之路上一道不可逾越的障碍。宋宝元元年（1038年），柳永得以改官。柳永曾在浙江为官，目睹盐户的悲惨生活，写下长诗《鬻海歌》，表达对盐户的深切同情。他在余杭任上口碑很好，"为人风雅不羁，而抚民清静，安于无事，百姓爱之"。可见柳永并不只是一个写词的文人，他还具备治世的才干。俗话说，性格决定命运。这句话放在柳永身上很合适，他的才气和狂傲的性格就像一把双刃剑，一方面成就了他，另一方面却使他无法施展抱负。

柳永一生只做过几任小官，尽管有所建树，有"名宦"之誉，但很不得志。他在追求功名的道路上屡遭挫折，转而厌倦官场，沉醉于旖旎繁华的都市生活，倚红偎翠，在"浅斟低唱"中寻找精神寄托。流连于秦楼楚馆的柳永，对风尘女子怀有深切的同情，这是他放浪个性中最具人性光辉的一面。他用手中的笔倾吐她们的不幸遭遇，将笔触深入她们的内心。他的词从不同层面反映了女子的思想感情和生活,有的表现世俗女子大胆泼辣的爱情觉醒,如"万里丹霄,何妨携手同归去。永弃却、烟花伴侣。免教人见妾,朝云暮雨"(《迷仙引·才过笄年》);有的写弃妇或失恋女子的幽怨,如"一生赢得是凄凉。追前事,暗心伤。好天良夜,深屏香被,争忍便相忘"(《少年游·一生赢得是凄凉》)。

晚唐五代的文人惯于从书面语中撷取高雅绮丽的语言,矫揉造作的华丽辞藻远看似雕梁画栋,近看却思想贫乏,一无所有,缺少真实情感。"耆卿失意无聊,流连坊曲,遂尽收俚俗语编入词中,以便伎人传唱"(清·宋翔凤《乐府余论》)。柳永混迹于秦楼楚馆,对市井生活相当了解,在语言运用方面独辟蹊径,充分运用现实生活中的口语和俚语,恰到好处地使用代词"我""你""伊""自家""阿谁"等,副词"恁""怎""争",以及动词"看承""都来""抵死""消得"等。这些看似不登大雅之堂的口语、俚语,在柳永笔下却富有表现力,生动活泼,使读者感到既亲切又有滋味,进而有了"凡有井水饮处,即能歌柳词"(宋·叶梦得《避暑录话》)的极高评价。艺术源于生活,词本来源于民间,但到了文人手中,就成了表现士大夫生活及情感的典雅之词。柳永对词的革新在于,从创作方向上将流行于上层社会的审美内涵和趣味由"雅"变为"俗",使词走向市井大众,回到滋养艺术的大地上,使"骫骳从俗,天下咏之"(宋·陈师道《后山诗话》)。

宋代陈振孙在《直斋书录题解》中客观评价道:"柳词格固不高,而音律协婉,语意妥贴,承平气象,形容曲尽,尤功于羁旅行役。"柳永在官场不遇春风,游宦成为常态。他的有关羁旅行役的词,真实地反映了宦海沉浮的切身感受、浪迹江湖的无奈以及漂泊生活中的离别相思之情。"游宦成羁旅",一声感叹深刻地反映了柳永一生的追求、挫折、矛盾、辛酸和失意的复杂心态。他留在《乐章集》中的六十多首有关羁旅行役的词,在处理感情方面,比起唐五代以来以及宋初词人更为深刻,意境更为苍凉,言辞更为感人。在这一类词中,最具有代表性的是《戚氏·晚秋天》,这是《乐章集》中最长的一首词,历来被誉为"有《离骚》之遗风"。在这首自叹平生际遇的词中,处处可以感受到柳永沦落天涯、怀才不遇的悲音。

唐五代时期,词体以小令为主;宋初,仍沿袭小令的体式。与柳永同时代的张先、晏殊和欧阳修,分别尝试创作慢词,也就几首或十几首而已,而柳永一人创作的慢词就有八十几首,从根本上改变了自唐五代以来小令独霸词坛的格局。此后,慢词与小令平分秋色,各领风骚。小令篇幅短小,在有限的容量中只适宜用传统的比兴手法,借象征性的意象群来烘托、传达主人公的情思意绪,而慢词则为尽情铺叙提供了空间。柳永是第一个大量创作慢词的人,尽情叙述事情发生的过程以及不同的场面,惟妙惟肖地刻画主人公既丰富又复杂的内心世界。柳永创作的一些慢词,就像在讲一个个完整的故事,有情节,有场景,有人物,因而形成了独一无二的"柳七郎风味"。

在宋词八百八十多个词调中,为柳永首次使用的词调有一百多个。柳永还大量创新,使令、引、近、慢、单调、双调、三叠、四叠等长调短令百花齐放。晚唐五代词在表现形式上采用"代言"的抒情模式,而柳词却注重表现自我独特的人生体验和心态,尤其注重抒发自身的情感体验。柳永将敷陈其事的赋法移植于词,在淋漓尽致的铺叙中,充分汲取民间语言文化的营养,表现世俗化的市民生活情调,用朴实无华的白描手法表现独特的艺术个性,可谓"浅近卑俗,自成一体,不知书者尤好之"(宋·王灼《碧鸡漫志》)。

柳永对后世词人影响甚大,很多著名词人都深受其影响,如秦观、周邦彦、黄庭坚等。柳永在词坛取得的非凡成就还表现在将词的内容扩展到社会中的各个层面。晚唐五代词的内容大多表现离愁别恨、男欢女爱,而柳词的视野超越了这个局限,表现了北宋繁华富裕的都市生活和丰富多彩的市井风情,如"列华灯、千门万户。遍九陌、罗绮香风微度"(《迎新春·巇管变青律》),"万井千闾富庶,雄压十三州。触处青蛾画舸,红粉朱楼"(《瑞鹧鸪·吴会风流》)。在这类作品中,最有代表性的首推《望海潮·东南形胜》,在柳永笔下尽显钱塘江的壮丽景色、西湖的迷人风光、杭州的繁华气象以及百姓富庶的生活,堪称北宋时期的"清明上河图"。

  暮年出仕,久沉下僚,羁旅天涯。柳永的仕宦生涯如果如意,他或许也会政绩卓著,成为一名杰出的政治家。但命运给他安排了另一条路,他的艺术才华放射出耀眼的光芒,在中国词史上留下了光辉的一页。

目　录

第一章　鱼儿者，水中之物也

南唐降臣的游宦生涯 / 002

雷泽县令与莫逆之交 / 008

叫阍上书，震动朝野 / 014

坐上少年听不惯，玉山未倒肠先断 / 021

第二章　杳杳巫峰十二，千古暮云深

年纪方当笄岁 / 032

系我一生心，负你千行泪 / 042

玉楼深处，有个人相忆 / 048

但看丁香树，渐结尽春梢 / 055

断鸿声里，立尽斜阳 / 063

杳杳巫峰十二，千古暮云深 / 071

第三章　忍把浮名，换了浅斟低唱

小楼深巷狂游遍 / 080

忍把浮名，换了浅斟低唱 / 089

卜年无用考灵龟 / 098

想初襞苔笺，旋挥翠管红窗畔 / 104

平生自负，风流才调 / 110

多情自古伤离别 / 121

针线闲拈伴伊坐 / 129

第四章　游宦区区成底事

桃花浪暖，竞喜羽迁鳞化 / 138

游宦区区成底事 / 145

公余啸永，有潘怀县风 / 151

太平相业尔惟盐，化作夏商周时节 / 162

凤池归去，那更重来 / 171

帝里风光烂漫，偏爱春杪 / 179

第五章　斜阳暮草茫茫，尽成万古遗愁

斜阳暮草茫茫，尽成万古遗愁 / 188

一曲《阳关》，断肠声尽 / 196

秦楼阻，旅魂乱 / 203

驱驱行役，苒苒光阴 / 211

共君把酒听杜宇，解再三、劝人归去 / 221

第一章

鱼儿者,水中之物也

柳永出身于官宦世家,其父柳宜在南唐降宋后北归,被降职安顿。在"江南伪官"饱受官场排挤的环境下,柳宜以只争朝夕的心态、持之以恒的努力试图冲破偏见的牢笼,为自己及子孙的前途搏一搏。最终,他以品性、才学为北宋朝廷所接纳,而柳永的成长也有了安稳的基础。

南唐降臣的游宦生涯

宋开宝八年（975年），宋军主力势如破竹，突破秦淮河，南唐江宁（今江苏省南京市）告急。五月，南唐后主李煜急调驻湖口（今属江西省）节度使朱令赟驰援。朱令赟率兵行至皖口，正与宋军遭遇。朱令赟下令焚烧宋军战船，不料天公不作美，北风大作，风势转向，反烧自身，南唐军不战自溃，朱令赟被烧死，战棹都虞侯王晖等人被俘。北宋军队将江宁围得水泄不通，昼夜攻城。陷于孤城危蹙中的江宁，米粮匮乏，死者众多。李煜两次派遣徐铉出使北宋，进奉大批钱物，求宋缓兵。宋太祖答曰："卧榻之侧，岂容他人鼾睡。"十二月，南唐守将马承信、马承俊等人战死，右内史侍郎陈乔自缢，江宁失守，李煜出城投降。

跟随李煜出城向大宋投降的官员中，有一位监察御史，名叫柳宜，他就是后来名震词坛的词人柳永的父亲。

柳永出身于官宦世家，祖父柳崇，"字子高，有威信，家训甚严"。柳崇乃柳冕的六世孙，由此推知，唐代著名文学家柳冕是柳永的八世祖。柳崇在州郡颇有威信，州郡百姓闹纠纷、打官司都不去官府，而是来到柳崇门前，听他定夺。

（柳崇）以行义著于州里，以兢严治于闺门。乡有小忿争，不诣官府，决其曲直，取公一言。

选自王禹偁《建溪处士赠大理评事柳府君墓碣铭并序》

柳崇精通儒学，"诸子诸妇，动修礼法，虽从宦千里，若公在旁，其修身训子有如此者"。他的子女或儿媳，举止必须恪守礼法，进退合度；儿子们即使在千里之外为官，也如同父亲柳崇在身旁一样。可见柳崇家教之严明。

唐末政权更替，时局动荡，柳崇对为官失去了兴趣。据说当时十国之一的闽国的恭懿王王延政仰慕其名，招柳崇为沙县县丞，但他以侍奉老母为由，力辞不就。柳崇选择隐居在福建崇安五夫里金鹅峰下（今福建省武夷山市上梅乡茶景村），终身不仕，老于布衣。柳崇生有六子，前妻出柳宜、柳宣，继室出柳寘、柳宏、柳寀、柳察。柳崇无意仕途，六个儿子却个个科举入仕。柳永的父亲柳宜是家中长子，官至工部侍郎。

俗话说，有其父必有其子。柳崇"以乱世不仕证其风骨"，其子柳宜则"以直言不讳表其公正"。当柳宜还是一介布衣时，"褐衣上书，言时政得失，李国主器之，累迁监察御史"。柳宜上书的文章到了李煜手中，李煜很欣赏柳宜的才华，柳宜的布衣身份从此改变。柳宜在南唐入仕，一路顺遂，很快就做到了监察御史。御史是谏官，专门负责向皇上反映官员的问题，是个令贪官污吏咬牙切齿的角色。柳宜任御史期间，"多所弹射，不避权贵，故秉政者尤忌之"。不仅贪官污吏忌惮他，甚至连李煜有时也接受不了他不留情面的直言进谏。李煜生气地对他说："你又不是魏徵，怎么这么喜欢直言？"柳宜毫不畏缩地给出答案："陛下也不是唐太宗！"

南唐亡于北宋后，柳宜与其他南唐降臣入仕北宋。在北宋官员眼中，这些曾经抵抗过北宋的南唐旧吏都是"江南伪官"，所以安排新官职时，即便曾经是南唐的公卿将相，在北宋也只能担任小官。柳宜在南唐时期官至监察御史，入宋后降为雷泽县令。在宋太祖赵匡胤手中，这些被降级使用的官员个个如履薄冰，日子很不好过。柳宜怀念旧主李煜，特别对李煜在诗词方面的造诣很是钦佩，当然他绝对没有想到，日后他的儿子柳永竟成了与李煜不分伯仲的词人。

李煜的日子也十分艰难，他被掳到汴京（今河南省开封市），封为违命侯。虽为亡国之君，但李煜一时很难接受这种身份的转变，常常"梦里不知身是客，一晌贪欢"。李煜没有政治才能，治国失败得一塌糊涂，但他多才多艺，通晓音律，尤以词的成就最大。李煜的作品，前期多反映宫廷生活和男女情爱，风格绮丽，对后世花间派词人影响很大；后期则反映亡国之痛，哀婉凄凉。宋太平兴国三年（978年），徐铉奉宋太宗赵匡义之命前去探望被囚三年的李煜。李煜心情复杂，对徐铉说："当初我错杀潘佑、李平，而今悔恨不已。"之后，写下一首格调沉痛的词。

春花秋月何时了，往事知多少？小楼昨夜又东风，故国不堪回首月明中。

雕栏玉砌应犹在，只是朱颜改。问君能有几多愁，恰似一江春水向东流。

李煜《虞美人·春花秋月何时了》

这首词给李煜招来了杀身之祸。那句"故国不堪回首月明中"令宋太宗大为恼火。就在当年七夕，在李煜四十一岁的生日宴会上，宋太宗命人下药将他毒死。

徐铉是个"性简淡寡欲，质直无矫饰"的人，为人淡泊厚道。然而不幸的是，他遇到了宋太宗。作为一个皇帝，宋太宗虽治国有术，却气量狭小，是个睚眦必报的君主，容不得他人对自己有半点不满之心。李煜被毒死后，徐铉坚持执臣子之礼，为后主作墓志铭，立言得体。宋太宗虽喜怒不形于色，但耿耿于怀，总想找个机会惩治徐铉。宋淳化二年（991年），庐州尼姑道安诬告徐铉强奸罪。据查情况不实，按律法，道安应当反坐，但因为有皇帝包庇，道安逃脱了法律的制裁。当时，王禹偁任职大理寺①，"禹偁抗疏雪铉，请论道安罪，坐贬商州团练副使"。由于王禹偁为徐铉雪冤，宋太宗下旨，解除王禹偁的职务，将其贬为商州团练副使，再贬至解州。徐铉则被贬到邠州（今陕西省彬县）。徐铉长期生活在南方，把他放逐到寒冷的西北，对他来说是一种折磨。后来，他生病冻死在邠州。宋至道元年（995年），王禹偁被贬到滁州，后移到扬州。

覆巢之下，焉有完卵？连后主都保不住性命，何况一名小官。想活下去，自然要谨慎。为了活下去，为了一家老小的安全，柳宜选择了"忍"，开始了数十年的游宦生涯。他离开了曾令他春风得意的京都金陵，举家北上，先后在雷泽（治所位于今山东省鄄城县东南）、费县（今山东省临沂市费县）、任城（今山东省济宁市）担任县令。

宋太平兴国四年（979年），柳宜正在费县县令的职位上，他的兄弟柳宣以校书郎的官职在济州任团练推官②。这一年，年过六旬的柳崇从江南启程北上，渡过长江，准备去看望两个儿子。一路上舟车劳顿，这位已是花甲之年的老人先到济州，随后又前往汴京。到了汴京，他忽患重病，不得已又乘轿返回济州。后来，病情日甚一日，到宋太平兴国五年（980年），柳崇在济州柳宣的官舍去世。柳

---

① 大理寺：古代一个重要官署，专门负责刑狱案件的审理。
② 推官：古代官名，唐朝始置，掌刑狱之事。

崇临死之前留下遗嘱："吾读圣人书，朝闻道，夕死可矣，毋得以浮屠法灰吾之身。"柳崇去世后，柳宜奏请守孝三年，朝议不许。柳宜兄弟几人只能在济州郊外安葬了父亲。

有些人认为柳崇的安葬之处风水不好，建议柳氏兄弟给老父亲迁坟。可这事说起来容易，做起来却没那么简单。天下初定，诸兄弟公事繁忙，都小心翼翼地过日子，哪里腾得出时间去给老父迁坟。这一拖，六年的时间过去了。天下安定，柳宜作为长兄，与弟兄们商量后，决定为父亲迁坟。

转眼几年过去，宋雍熙三年（986年）四五月间，年近五旬的柳宜得知妻子刘氏又怀孕了，但他整日忙于烦琐的公务，没有时间守在妻子身边，只是叮嘱侍妾与丫鬟服侍好夫人。宋雍熙四年（987年）[①] 二月，柳宜视察农事归来，风尘仆仆的他还没进家门，一位侍妾满面春风地迎了出来，就见她躬身一揖，激动地说："恭喜老爷！夫人刚刚分娩，是个公子哥！"

柳宜老来得子，不禁喜上眉梢。这是他的第三位公子。正好这时他的胞弟柳宣因公务来到费县，闻讯赶来祝贺。老来得子堪称一大喜事，柳宜为此大摆宴席，同僚与左邻右舍纷纷前来贺喜，席间觥筹交错，好不热闹。待宾客散去，兄弟俩商量着给孩子取名。这是柳宜的第三个儿子，前面两个儿子分别叫柳三复、柳三接，顺着两个哥哥的名字，新生儿被命名为"柳三变"，字景庄，由于在家中排行第七，又叫"柳七郎"。

"柳三变"这个名字出自《论语·子张》："君子有三变：望之俨然，即之也温，听其言也厉。"意思是君子看上去有三重变化，远望非常庄重，接近以后温和可亲，听他口中的言语庄重严谨。柳宜

[①] 关于柳永生年，学界观点不一，本书采用当代词学家、文史学家唐圭璋先生"宋雍熙四年（987年）"的观点。

很欣赏其中的"俨"字。《诗经·陈风·泽陂》云:"有美一人,硕大且俨。"俨,矜庄貌也。

  柳三变从出生就带着神秘色彩。相传,在柳永出生前一夜,屋顶上方的夜空中有颗明亮的星星,因此人们说柳家的小儿子是文曲星降世。更有一桩奇闻,柳永家有一张祖传古琴,就在柳永出生这天,古琴不弹自鸣,柳宜循着琴声来到琴房,却只闻悠扬的琴声,不见弹琴之人,甚至连琴弦都未被拨动。

雷泽县令与莫逆之交

柳宜在南唐时期官至监察御史,入仕北宋后被降为雷泽县令。祸兮福所倚,在这个让他感到委屈的职位上,他遇到一个出类拔萃的人——王禹偁。王禹偁比柳宜小十四岁,当时柳宜三十九岁,王禹偁二十五岁,所谓"物以类聚,人以群分",年龄的差距并不影响两个志趣相投的人成为知己。

王禹偁,字元之,济州钜野(今山东省巨野县)人,是北宋诗文革新运动的先驱。王禹偁幼年时家境并不富裕,父亲开了一间磨面坊,以替人磨面维持一家人的生计。王禹偁自幼苦读诗书,终于在宋太平兴国八年(983年)登进士第,授成武县(今山东省成武县)主簿,迁大理评事。王禹偁对仕途充满抱负,在《吾志》诗中写道:"吾生非不辰,吾志复不卑。致君望尧舜,学业根孔姬。"史载,王禹偁为官清廉,秉性刚直,以敢于直谏闻名,为宋初有名的直臣。但是他的刚正不阿不为皇帝所喜,付出的代价便是三次遭贬。为此他作《三黜赋》,高调宣称:"屈于身兮不屈其道,任百谪而何亏？吾当守正直兮佩仁义，期终身以行之。"

柳宜任雷泽县令时，耳闻王禹偁少年成名，性格耿介孤傲，非儒雅者不屑于交。邻郡郓州须城（今山东省泰安市东平县）人梁颢慕其名，前来问学，竟吃了闭门羹。梁颢受到冷遇，自尊心严重受挫，继而发奋读书，复来问学，得到王禹偁赞赏。爱才心切的柳宜登门拜访，王禹偁与这位满腹经纶、礼贤下士的"江南伪官"一见如故，二人遂成莫逆之交，诗酒往来，相谈甚欢。两年后，柳宜转任费城县令，在这个位置上干了十三年。在这十三年里，柳宜内心苦闷，眼睁睁地看着同僚个个高升，自己却升迁无望，而仕途上的拦路虎就是那个"江南伪官"的身份。

有宋一朝，官员服饰的颜色标志着职位的高低，低级官员只能服绿，随着职务的升迁，可以改服朱、紫官服。北宋时，凡是外任州县的官员，无论官衔高低，都可以身着三品官衔的紫色官服，谓之"借紫"，这是一种荣耀的颜色，有耀武扬威的意味。但是，"江南伪官"不在此列，不论资历多高，"伪官"的身份决定了他们只能服绿，以示有别。比起那些进士出身的官员，柳宜的身份略低。他在南唐虽以"褐衣上书"入仕，但经历了三任县令，在宋也有十五年仕履，论资历来说也不算低，却只能服绿，因此，他迫切地想要升迁。在北宋人眼中，只有京官和朝官才是仕途的真正开端。这种政治上的歧视大大地伤害了柳宜的自尊心。已经五十出头的柳宜感到，必须以只争朝夕的心态为自己的前途搏一搏，否则这辈子在官场中都可能是竹篮打水一场空。据王禹偁在《送柳宜通判全州序》中记述："州县之职，困于徒劳，居低摧穷辱之中，有死丧疾病之事，旅鬓生雪，朱衣有尘，知其气业者共惜之。"在这段话中，"旅鬓生雪"一句不由得叫人心生感慨。一个志在仕途的人，五十岁了还在一个低微的州县之位上蹉跎时光，恐怕升迁的希望已非常渺茫。

雄心勃勃的柳宜绝不是一个甘愿服从命运的人，他要抗争。每当他满腹牢骚的时候，王禹偁便安慰他说，皇上是个有远见的明君，一定会为人才大开方便之门，绿袍之辱只是暂时的，只要忠于宋室，绝无久沉下僚之理。但柳宜在基层辛苦了十五年，仍没有摆脱只能服绿这一冷酷的状态。宋真宗时，"选人"改官虽有三任六考、由五位官员推荐的限制，但在宋太祖、宋太宗时，朝廷求贤若渴，急需大量人才，往往三四年甚至一两年就改官了。柳宜入仕宋朝已十余年，仍然没有改官，原因显而易见，"江南伪官"的身份让别人对他的政绩视而不见。没有人愿意为一个"江南伪官"做举主，即使有人看到他是一个治吏之才，也会因为他的特殊身份望而却步，不愿意冒这个风险去为他举荐。这是柳宜心中的痛。要在这种沉闷压抑的政治环境中左冲右突，他有两条路值得一拼。第一条是走科举之路，成为新朝进士。与他同为南唐旧臣的郑文宝就是走科举之路成功跻身宋室的。宋太平兴国八年（983年），郑文宝与王禹偁同时中进士，后来仕途通达，平步青云。然而，命运似乎有意捉弄，柳宜先后三次与科考的机会擦肩而过。第一次是在宋太平兴国二年（977年），宋太宗登基后放"龙飞榜"，夺魁者是吕蒙正，故曰"吕蒙正榜"，这是一次带有革新意味的放榜。宋太祖时，每科顶多收录二三十人，而"吕蒙正榜"一下子就收录了一百零九人。

作为北宋名臣，吕蒙正可圈可点，是个几度拜相的人物。吕蒙正的父亲吕龟图三妻四妾，内眷很多，因此与生性刚烈的嫡妻刘氏龃龉不断，后来，便把刘氏和嫡子吕蒙正赶出门。离开吕家后，吕蒙正母子的生活非常窘迫，但刘氏是个很有骨气的女人，发誓不再嫁人。吕蒙正做官后，为了尽孝，就把父母亲接来同住，父母虽在同一个屋檐下，但分别住在不同的房间。尽管如此，吕蒙正仍尽心地侍奉二老。吕龟图去世后，朝廷诏令起复吕蒙正。不久，吕蒙正升为都官郎中，入朝任翰林学士、参知政事①，朝廷还赐给他丽景门住宅一栋。

吕蒙正为人厚道，以坚守正道自律，是个敢于直言的正人君子。每当讨论时政有不公允的意见时，他决不附和，而是坚持己见。幸好宋太宗很欣赏他的正直，所以他没有遭遇祸从口出的灾难。卢多逊任宰相时，吕蒙正的儿子刚一入仕便被授予水部员外郎，这种高官之子平步青云的仕途节奏在当时是一种常态。吕蒙正认为这是不平等的人才竞争，上奏道："臣出身进士，初仕时只授九品京官。况且天下有才能的人，终身隐居于山林，没有得到朝廷俸禄的人不计其数。现在，犬子刚成年，就获此荣宠，恐怕要遭到上天谴责，臣请求以臣刚出仕时的官职补任他。"这一奏很有效果，此后，宰相的儿子初仕时授九品京官成为法定制度。

吕蒙正为人厚道宽容，在上任副宰相的第一天，当他迈着方步走在大殿上时，身后传来很不友好的声音："这小子怎么能当参知政事？"这无疑是对吕蒙正的一声轻蔑挑衅。吕蒙正装作没有听见，径直往前走。有人愤愤不平，认为应对这些居心不良的人略加惩治，因此，鼓励吕蒙正追查是何人在大殿上出言不逊。吕蒙正没有新官上任三把火，而是不予追查，他说："如果查出了他的姓名，就会终身不忘，不如不知道为好。"

他还是一个求贤若渴的人，很愿意荐贤。有一次，宋太宗与吕蒙正商议要选一名适合出使辽国的官员。吕蒙正推举了一位姓陈的官员，可是这个人入不了宋太宗的眼，当即被否决了。第二天，宋太宗再次提起人选的事，吕蒙正再次举荐这个人，宋太宗依然否决。第三天再议此事，吕蒙正仍坚持举荐此人，宋太宗大为光火，一把

---

① 参知政事：官名，宋代参知政事是副宰相。

将呈上的文书扔到地上,很不高兴地说:"卿何故如此固执?"吕蒙正回答:"臣不是固执,而是陛下不能体察谅解啊。这个人是可以任用的,其他人比不上他。臣不愿违心地阿谀献媚,为取悦陛下而耽误国事。"看到皇帝动了肝火,在场的同僚个个胆战心惊,屏住声息不发一言。退朝后,皇帝感慨地对身边的人说:"吕蒙正的气量大,朕不如他啊。"吕蒙正忠心耿耿地为朝廷荐贤,不论关系亲疏,哪怕得罪过他的人,只要是人才,他都会不失时机地推荐给朝廷。担任参知政事的温仲舒,曾经在背后批评吕蒙正,但吕蒙正不计个人恩怨,仍凭着良心举贤。赵普与吕蒙正同朝为相,二人同为宋代名相。宋端拱二年(989年),赵普因年老多病,屡请致仕,拖到这年冬天,体力难支。宋太宗不得已,在宋淳化元年(990年)正月十五,改任赵普为西京留守兼中书令,并将吕蒙正升为宰相。这年,他刚四十七岁,比柳宜还要小六岁。

当时的科考随意性很强,哪年开科、何月乡试、何月会试、何月殿试,没有一定之规,所以宋太平兴国二年(977年)的科考,柳宜因为准备不充分而吃了亏。第二年,他开始准备,可在当年五月,他由雷泽移任沂州费县。到任不久,老父亲柳崇不远千里从江南赶来看望子孙,来到沂州费县的长子家。柳宜是个大孝子,每天政事以外还要尽心侍奉老父,忙得团团转,根本无暇准备科考,只好放弃,坐失良机。宋太平兴国四年(979年)初,二弟柳宣在济州(治所在今山东省巨野县)团练推官任职,父亲就到二弟那儿去了。一晃就到了宋太平兴国五年(980年)闰三月这一科,柳宜本来要去应考,但政事繁忙,稍有余暇又因探望父亲而在费县与巨野两地之间奔波,仍然未能应考。就在这年五月,柳父返家,途经汴京,不幸于"十一月某日终于济之官舍"。父亲去世,柳宜必须守孝。宋太平兴国八年(983年)开科时,他还没有除服。按宋朝制度,守丧期间,士子不能参加应试,这次的机会他又错过了。令人不解的是,在宋雍熙二年(985年)、宋端拱元年(988年)、宋端拱二年(989年),柳宜没有参加应试,史书上没有记载原因,我们也无从知晓。

第二条路就是"叫阍上书",请求自试。对于五十出头的柳宜来说,"叫阍上书"是最后的机会。"叫阍上书"是官员因冤屈而上书申诉,这种做法对于一个"江南伪官"来说是否可行呢?搞不好会搬起石头砸自己的脚,柳宜确实拿不定主意。为了平复心绪,他在官余或以课子著书为务,或徜徉在他的《陶情》《归道》二集中寻求慰藉。遇到有官员过路,作为地方官的他当然要尽地主之谊,免不了要去陪同游玩,诗文酬唱。遗憾的是,他的《陶情》如今已散佚,我们无从看到一鳞半爪。

叫阁上书，震动朝野

宋淳化元年（990年）正月初一，朝廷下诏，撤销对"江南伪官"的服色限制，"应诸路伪授官，先赐绯人止令服绿，今并许仍旧。其先衣紫人，任常参官亦许仍旧"。诏令中的"伪授官"即"江南伪官"；"今并许仍旧"就是恢复旧制，入宋官员曾是哪个品级就服相应的官服；"任常参官亦许仍旧"是说，进入常参官序列之后的中级官员，该服朱色服朱，该服紫色服紫，恢复"江南伪官"以前的服色，取消无论官阶一律服绿的限制。

"江南伪官"服色的变化对柳宜来说是一个重要信号，意味着朝廷对"江南伪官"政策的改变。这几句敕文使他不由得眼角泛泪，压在心上的那块大石头终于落下了，他看到了希望，当即决定走"叫阁上书"这条路。事不宜迟，他连夜从文集中挑选了三十卷最能代表自己水平的文章，第二天向县主簿稍事交代，便匆匆告别家人，轻车简从，直奔京师。已近年关，一路上除旧迎新的鞭炮声此起彼伏，但他无心欣赏这旧桃换新符的景象，一路星夜兼程，正月中旬便到达汴京。他顾不得舟车劳顿,直奔登闻鼓院,敲响了登闻鼓,上书乞试,并将三十卷文章一同奏进。之后,就近找了家客栈歇息,等候内臣宣召。

这年判登闻鼓院的是梁颢。宋端拱二年(989年),梁颢的金石之交王禹偁入朝拜右司谏、知制诰;宋淳化元年(990年),判大理寺。按人之常情来说,柳宜本应趁此空闲前去拜访,但依他的耿介性情,无论如何也不愿意在这个节骨眼儿上登门,恐惹上攀附之嫌,于是采取回避的姿态,独自在小客栈候旨。梁颢在未中进士之前就曾拜师王禹偁,二人交情不凡。当柳宜的上书和三十卷文章被递进登闻鼓院后,他便在第一时间将此事告知王禹偁。王禹偁和柳宜一样是耿介之人,理智地选择了回避。

令柳宜没有想到的是,这次上书竟一石激起千层浪,震动朝野。那时,"叫阍上书"并不鲜见,为什么一个县令"叫阍上书"竟惹出一场震动朝野的风波呢?这还要从柳宜的第一次"叫阍上书"说起。

早在宋太平兴国六年(981年)二月间,柳宜便有过一次"叫阍上书"的经历。事情是因为柳宜的父亲过世,而当朝"不许吏受三年丧"。那年十一月,柳父病来如山倒,很快就过世了。柳宜闻讣之后,顶着初冬的大雪赤脚奔丧(古人以徒步赤脚奔丧为孝),从忻州费县到巨野,柳宜光着脚板在雪地里行走。到达巨野时,才得知朝廷不许吏受三年丧。在京朝官可以依制停职为父母之丧守孝三年,未入京朝官序列的选人是吏而不是官,身份上天差地别,故不能依制守孝三年。且说柳宜是个恪守孝道而又刚烈的人,坚信孝为天下先,无论朝廷发布怎样的诏令,为尽孝做出这样的举动于情于理都说得过去。他徒步赤脚,千里迢迢到了汴京,沿途观者甚众,人们口耳相传,消息很快就传到了京师。他一到京师便直奔登闻鼓院,敲响登闻鼓,三次上书乞求停职护送亡父的灵柩回故里。但有司从中作梗,留中不报。柳宜发现后,趁着文武百官上朝之际,拦住时任宰相薛居正泣诉。即便这样,他仍然没能冲破"不许吏受三年丧"的陈规,但这个感天动地的举动却传遍了京城,赢得一片赞誉,据说宋太宗对此事也有所耳闻。这一次"叫阍上书"再次惊动朝野,宋太宗感念他几年前争取为父守丧的孝行,便命新任宰相吕蒙正召试。

柳宜的三十卷文章呈到吕蒙正面前,他的才华使吕蒙正叹服。这位宋代名相在看到柳宜文章的第二天,即召柳宜于政事堂。五十三岁的柳宜站在吕蒙正面前,两鬓斑白。吕蒙正非常同情这位"江南伪官",柳宜早先徒步来京请求为父守孝的往事浮现眼前,令他不禁肃然起敬,但他克制自己不能感情用事。他要试试柳宜到底是有真才实学,还是纸上谈兵,于是,当场以"汉时以粟为赏罚事论"为题,看看柳宜能拿出什么治国方略。柳宜略加思索,挥毫疾书,一气呵成,一篇笔酣墨饱的文章便已成形。文章引经据典恰到好处,并切合宋朝实际深入剖析。吕蒙正看后不禁击节叫好,写上几句极佳的评语,遂呈宋太宗御览,宋太宗看后也很欣赏。在吕蒙正的举荐下,柳宜终于时来运转,被宋太宗授以京官之最高阶著作佐郎,差遣全州通判。

柳宜得了朝旨,一刻也不敢耽搁,匆匆离开京都返回任城。人逢喜事精神爽,当得知柳宜既改官又被派往全州任通判,一家人喜不自胜。

柳宜赴任的全州(今广西壮族自治区桂林市全州县)在宋代属于边远地区,为了防止边疆生变,按照宋制,不允许官员的家属随行,只能官员只身前往上任。柳宜迫不得已,只好将妻儿送回福建崇安老家。此时,新任县令还未到职,柳宜向主簿做了交代,便收拾行囊带着家人上路。

柳宜在任城九年,颇有德政,深受百姓爱戴。短短几天工夫,"柳青天"离任的消息就传遍了任城,百姓万分不舍。柳宜害怕扰民,临行那天特地于寅正二刻出发,不料百姓早已等候多时,柳宜只好下车向父老乡亲拱手道别。一位乡绅站出来,说:"乡亲们,古有'甘棠遗爱',我们给柳大人树一块碑,将这遗爱永记于心,岂不胜于遮道留人乎?"他的话使人群安静下来。前来送行的主簿说:"昔日南阳人说前有召父,后有杜母,任城也将像南阳一样。"他表示在新任长官未到之前,将像柳大人一样爱民如子。一绅一吏的话使众人心悦诚服,百姓最后依依不舍地与柳宜挥泪告别。

柳宜离开任城后,携家人绕道先去看望二弟柳宣。柳宜心里似乎有某种预感,此去全州,兄弟俩何时能再相聚恐怕就要靠天意了。在二弟处小住几日,说不尽的鹡鸰之情。他心中那份不祥的预感后来果然成真,兄弟俩此次一别竟是永诀,这是后话。

柳宜一家与柳宣告别后,一路晓行夜宿,等到汴京永泰门时,王禹偁派来的两位使者早已等候在此。两位使者领着他们一家来到王禹偁为他们安排的客馆。这是一家既不简陋又不奢华的客馆,地处朱雀门外大街的南端,清静幽雅,正合柳宜心意。第二天,柳宜一家整装完毕,正欲前去拜访王禹偁,不料王禹偁已带着几个随从到来。一阵寒暄之后,柳宜与王禹偁聊起亲朋故友,徐铉进入了他们的话题。徐铉与柳宜同为"江南伪官",这位忠心耿耿的南唐旧臣曾两次代表南唐出使北宋,当他们的故主李煜被囚时,他又受宋太宗之命去看望李煜,君臣相对而泣。李煜在北宋被赐封号陇西郡公,后被宋太宗赐杀。徐铉为李煜写墓志铭时,遭到一些阴毒小人的暗算,有人说他在伪朝时期颇得陇西郡公赏识,所以为陇西郡公写墓志铭的最佳人选非他莫属。此人意欲在皇帝面前告状,利用皇帝的某种心理加害徐铉。徐铉在这个关头没有以明哲保身的姿态退缩，而是舍生取义，表示要在陇西郡公的墓志铭中尽君臣之礼。宋太宗虽然对降臣心存芥蒂，但为表皇帝宽宏大量，便以权宜之计慷慨应允，叫小人的"如意算盘"落了空。柳宜从王禹偁口里得知，徐铉已迁为左散骑常侍，目前来说一切都好。

席间，两人又聊到一个绕不过去的敏感话题。柳宜前去赴任的全州，治所在清湘（今广西壮族自治区桂林市全州县西），属荆湖南路。荆湖南路的府帅为魏羽，是柳宜的顶头上司。据《宋史》载，"魏羽，字垂天，歙州婺源人。少属能文，上书李煜，署弦文馆校书郎。时建当涂县为雄远军，以羽为判官。宋师渡江出其境，羽以城降，太祖擢为太子中舍，仍旧职。金陵平，入朝，出知兴州。太平兴国初，知棣州，改京兆府。淳化初，选为秘书少监，逾月，迁左谏议大夫，俄拜度支使，改盐铁使。判三司，出知滑州，徙潭州。"魏羽比柳宜小六岁，二人在南唐时同朝为官，当时魏羽的官职低于柳宜，现在正好相反，柳宜的处境不免有些尴尬。王禹偁很理解他的心情，宽慰道："远州不足以留贤者，其内调可必，无疑兄大展宏图的未来指日可待。"之后，写下《送柳宜通判全州序》，以壮此行。

河东柳无疑，江左之闻人也。在霸国时，褐衣上疏言时政得失，李国主器之，累迁监察御史。多所弹射，不避权贵，故秉政者尤忌之。既出为县宰，所在有治声。皇宋平吴之明年，随伪官得雷泽令。雷泽，仆之故里也。始与之交，逮今几十五载，建尹三邑。州县之职，困于徒劳，居低摧穷辱之中，有死丧疾病之事，旅鬓生雪，朱衣有尘，知其器业者共惜之。淳化元祀，始以任城宰来抵阙下，携文三十卷叫阍上书，且请以文章自试。天子壮之，下章丞相府。翌日召试，且举汉时以粟为赏罚事，使析而论之，无疑援引剖判，灿然成文。吾君吾相皆以为识治体而合经义也，故改官芸阁，通倅湘源。其官尚卑，其郡亦小，然由文艺而取，故有识者荣之，与夫诡权媚势、奴颜婢膝、因采风谣司漕运者言而得之者远矣。于是沿汴达淮，浮江湖入湘潭。是时也，可以吏隐，未可以行道。况江山猿鸟、云泉竹树为天下甲，民讼甚简，兵赋甚鲜，固可卧而理也。如能致身于不才之间，放意于无何之域，则又不知县令为著作耶，著作为县令耶？或过故国，动黍离之情；伤远行，有于役之念；叹下位，起山苗之刺，则于道远矣，于生劳矣。勉哉，无疑善饭自爱。

王禹偁《送柳宜通判全州序》

清代乾嘉学派代表钱大昕在《十驾斋养新录》中考证："自魏晋以门第取士，单寒之家，屏弃不齿，而士大夫始以郡望自矜。"也就是说，自魏晋以来，门阀盛行，没有显赫的家族为背景，要想在官场中立足是不可能的。所以，如果某地出了一个令人敬仰的显赫家族，这个地方就成了某姓的郡望，在当地颇有威信，如弘农杨氏、陇西李氏、太原王氏、汝南周氏、河东柳氏等。柳宜当然也不能免俗，父亲柳崇去世后，他请来王禹偁写墓志铭。柳宜给王禹偁提供执笔资料时说，他们的六世祖柳奥是唐代古文运动的先驱人物河东柳冕的侄子，因此，王禹偁在铭文开篇写道："有唐以武戡乱，以文化人，自宰辅公卿至方伯连率，皆用儒者为之，而柳氏最称显族，故子厚自言其家同时为尚书郎者三十余人，其盛可知也。"这是古代文人的通病，对外必宣称自己出身某个名门望族，避免被人轻视，这是特殊的环境使然。

宋制规定，父母健在而不能随官者，移任时给予探亲假一个月，然后上任。柳宜的父亲虽已去世，但他的继母虞氏健在。柳宜是一个恪守孝道的人，视继母如同生母。因此，柳宜在汴京小住数日后，决定水陆兼程,探望久失奉养的继母虞氏,顺道将妻儿送回老家福建崇安。

东水门外,启程的驿船顺汴水而东行,船头彩旗飘飘,兵丁侍立左右。如此盛大的场面,柳氏兄弟还是第一次见到,年仅三岁的柳永兴奋地从船头跑到船尾,上蹿下跳。等他回到船舱稍微安静一点儿后,揪着大人一股脑儿地问这问那:"我们什么时候才能到老家见到祖母还有叔叔婶婶呀?我们什么时候去全州呢……"父亲柳宜郑重地回答:"你们兄弟和母亲不去全州了,就留在老家。"

坐上少年听不惯，玉山未倒肠先断

且说柳宜携妻带子一路逢陆乘马、遇水行舟，所到之处地方官迎来送往，沿途美景令人沉醉，不觉间来到了山清水秀的七闽地界。闽西属建宁府，本是唐代建阳县地，五代时伪闽从建阳分出，置温岭镇，南唐时改为崇场。从山东的县城来到风景秀丽的闽西，美得柳氏几兄弟手舞足蹈。柳宜几十年没有回过老家崇安，此次只为把妻儿送回老家，然后轻装上阵去全州赴任。年幼的柳永被父亲柳宜送回老家后，由母亲刘氏和祖母虞氏照料，在福建武夷山下的老家度过了他的童年时光。

崇安是个钟灵毓秀之地，秀水、奇峰、幽谷、壑沟，无不称奇。县周围有十六山、十五溪、十滩。县北的黄石山上飞瀑如帘，遍山石坛如琢，山下龙湫九穴水清如镜。西边的三髻山、百丈山峰峦叠翠，东边的寨山、仙洲山秀峰如云。仙洲山下的五夫里就是柳宜的老家。五夫里的金鹅峰山下，是柳永童年的天堂。每天清晨，天边隐约出现了鱼肚白，公鸡的打鸣声在黎明的清风中传至远方，柳永从梦乡中醒来，伸个懒腰，揉着惺忪的睡眼，开始新的一天。他的一日三餐都由母亲刘氏亲自照料，可口的农家饭菜和傍晚远近农舍的袅袅炊烟都给他留下深刻印象。他每天与哥哥或村中的小伙伴穿梭于山间林海，嬉戏打闹，渴了就掬起一捧清泉喝上几口。与大自然的亲密接触潜移默化地影响了他的一生，使他日后一直对自由散漫的生活保持强烈的向往。

虽然父亲柳宜在全州为官，不能对他们兄弟的课业进行辅导，但并不影响柳永对学习的热爱。他的求知欲使他在玩耍之余仍然不忘读书写字。据说柳永家门前有一条河，名曰"柳叶河"，河水从门前潺潺流过。柳永常常手执一支笔，蹲在河边的一块大青石旁边，蘸着河水临摹写字，开始时字写得歪歪扭扭，时间一长，写得越发像模像样了。大青石上的青苔被他磨得不见了踪影，他也有了一手漂亮的书法。每逢新春佳节或有婚丧嫁娶之事，乡亲们便来向他讨要对联。久而久之，这些对联被称为"柳联"，那块大青石也有了一个很励志的称谓——"磨砺石"。

好玩是儿童的天性，柳永常常请求母亲、哥哥以及祖母虞氏带他前往武夷山游玩。武夷山中有一座中峰寺，寺内外风景绝美。在一次远足时，他们无意间来到了这座建于唐初的寺庙。奇崛的风光令柳永着迷，更令他沉醉的是中峰寺里那些富有传奇色彩的故事。据说有个伏虎禅师曾居住在中峰寺，唐景福元年（892 年），里中闹虎患，众人欲捕之，却见禅师骑虎出迎。人们为纪念禅师，在寺中设下伏虎坛。至宋代时，遗迹犹存。

宋淳化四年（993 年）正月，柳宜在全州通判任上期满，调回京城，由著作佐郎转为太子左赞善大夫。柳永与母亲以及哥哥们由叔叔柳寘、柳宏护送回汴京，一家人在京都相聚，百感交集。柳永兄弟三人在工诗能文的父亲身边，接受父亲的亲自教导，学业日渐长进。此时的柳寔和柳宏已年逾三十，留在汴京等待应试举子之业，并趁此机会向各界名人投卷干谒。柳宜是个严父，他的严格教育和坎坷的仕履对三个儿子影响深远。在他的精心教养之下，三个儿子个个擅长诗文，号称"柳氏三绝"。长子柳三复于宋天禧二年（1018年）中进士，次子柳三接与三子柳永同榜登第，颇得佳评。

赵匡胤建立宋王朝，定都汴梁，时称东京。开封在崤关以东，古时称这些地方为关东，因有汴水流经，又叫汴京。中国古代有两座壮丽非凡的都市，一是长安，一是汴京。北宋时，歌舞升平的汴京，繁花似锦，灯红酒绿，是宋人的梦幻之都。据孟元老在《东京梦华录·序》中描述，东京城内"八荒争凑，万国咸通。集四海之珍奇，皆归市易；会寰区之异味，悉在庖厨。花光满路，何限春游；箫鼓喧空，几家夜宴。伎巧则惊人耳目，侈奢则长人精神……仆数十年烂赏叠游，莫知厌足"。

柳永随父母居住在北宋最繁华的都市，这段生活经历为他今后漫长的人生之路打上了浓墨重彩的底色。当时汴京的常住人口超百万之多，大街上熙熙攘攘，摩肩接踵，香车宝马络绎不绝。汴京的商业尤为发达，衣有纱行、布行、彩帛铺等，食有鱼行、米行、肉行等，住有酒楼、酒店、客店等，玩有瓦子、妓院……各种店铺鳞次栉比，令人目不暇接。城中有夜市、早市，还有用来交易文物、只在深夜开张的"鬼市"。汴京之繁华可谓震动中原，即使是深夜，也是灯火辉煌的"不夜城"，喧嚣声不绝于耳。莺歌燕舞、灯红酒绿的汴京对柳永来说有不可抵挡的诱惑，这个刚从乡下来的孩子被深深地吸引了。喧哗的闹市使他感受着一种莫可名状的刺激，这种深刻的印象蔓延了他的一生，他后来也没有摆脱对这种刺激的追求。

宋淳化五年（994年），"柳宜以赞善大夫调扬州，永偕往"。柳永随父在扬州时，写出了令父亲刮目相看的习作《劝学文》。虽然文笔稚嫩，但足以让柳宜欣慰，孺子可教也。

父母养其子而不教，是不爱其子也。虽教而不严，是亦不爱其子也。父母教而不学，是子不爱其身也。虽学而不勤，是亦不爱其身也。是故养子必教，教则必严；严则必勤，勤则必成。学，则庶人之子为公卿；不学，则公卿之子为庶人。

柳永《劝学文》

父母生养了孩子却放任自流，不重视对他们的教育，就等于根本不爱自己的子女。虽然教育却不严格要求，同样是不爱孩子。父母尽心竭力教育孩子，但孩子不思上进、不爱学习，是子女自毁前程。学习敷衍了事，同样是不珍惜自重。因此，父母必须尽职，既然生养了子女，就必须重视教育。教育有成效源自严格的管理，父母只有从严管教才能敦促孩子勤奋学习，一分耕耘必有一分收获。如果精益求精，拥有渊博的学识，即使庶民百姓的子女也能成为将相王侯；如果疏于学习，即便是王公贵族之子也会沦为市井小民。

这篇《劝学文》收录在古书《古文真宝》中，不失为一篇教子经典，放到时下，仍有现实意义。这篇文章反映一个事实，柳永日后取得的成就与他少年时的勤学有关，这也是柳氏家风中引人注目的一个方面。据史料记载，柳氏一门父子叔侄五位进士，显赫一时。

在扬州为官期间，柳永作为柳宜最疼爱的小儿子，有时候柳宜也会带着柳永前去参加各种应酬。当宴会作乐正酣时，应邀出场的歌伎会唱上几首时兴的小曲儿，吴侬软语加上婉转的旋律，令人心醉神迷。此时的柳永还处在懵懂无知的阶段，只是看着歌女们风姿曼妙的倩影，被那些轻柔的乐音迷得神魂颠倒。这个青涩的少年像入了迷一样瞥着那些漂亮的人，美艳的小曲儿在他的心中荡漾。

宋至道元年（995年），柳宜从扬州调回汴京，在三司①差遣，任茶盐案干办②。宋至道三年（997年）二月，柳宜随三司的几位官员赴扬州公干。王禹偁于前一年由滁州改知扬州，二人得以在扬州相聚。这段时间，二人常常唱诗酬和，其乐融融。在王禹偁写的《扬州寒食赠屯田张员外成均吴博士同年殿省柳丞》中有"屯田布素交，屈此关市征"的诗句，由此可以推断，柳宜到扬州的公干与税收有关，是奉朝廷之命来扬州处理税收问题的。要收税就要到处走，柳宜和张员外、吴博士游遍了扬州美景。

就在柳宜一行人在扬州时，宋太宗驾崩于宫中万岁殿。皇太子赵恒继位，是为宋真宗。初夏，柳宜一行回到汴京。国葬期间，新皇登基，施恩群臣，柳宜被升为国子博士。这年秋天，王禹偁转任刑部郎中，复任知制诰，调回京城。他的宅院与柳宜家相邻。柳永和他的哥哥隔三岔五到王禹偁处请教问题，王家家仆知道两家私交甚好，看到他们来访也不通报，只躬身请安。王禹偁很乐意对这几个后生同室授业，因材施教。兄弟三人中，唯柳永对王禹偁的诗词最感兴趣。一次，柳宜见柳永从王禹偁处借来诗文及历代典籍，日夜琢磨，不由得心中暗喜。但他转念一想，自家收藏的典籍汗牛充栋，还需跑到王禹偁家借吗？后来发现那些借来的典籍并非经史，而是柳永缮写的王禹偁的诗文，足见少年时期

---

① 三司：宋代掌管全国财政的部门，长官称为"三司使"。
② 干办：也称"干办公事"，原名"勾当公事"，属官，由衙门长官委派处置各种事务。

的柳永对诗文的浓厚兴趣。

在京城的柳寘、柳宏在王禹偁的悉心指导下,于秋闱折桂。深冬时节,柳宜的五弟柳寀、柳察也从老家来到汴京。柳宜常常带着他们拜见名流,顺便也将三个儿子带上,有意让他们见见世面。文人雅士的应酬免不了诗文酬唱,席间也常招来家姬献艺佐酒。宋咸平元年(998年)初春的一天,王禹偁带着柳宜的两个弟弟和柳永去见一位名流。问学之后,这位名流以家宴款待,席间还有家姬佐酒。宴席上的氛围堪称酒不醉人人自醉,隔着一层薄薄的纱帘,家姬清唱着令人心醉神迷的小曲儿,对于少年柳永来说,这种场面充满了青春的气息,美好而难忘。

帘内清歌帘外宴。虽爱新声,不见如花面。牙板数敲珠一串①,梁尘暗落琉璃盏②。

桐树花深孤凤怨。渐遏遥天,不放行云散。③坐上少年听不惯,玉山未倒肠先断。

柳永《凤栖梧·帘内清歌帘外宴》

从"帘内清歌帘外宴"三句来看,客人与歌伎之间隔着一层帘子,可知听歌地点是在某位达官贵人的家中。隔着帘子看歌伎

---

① 牙板数敲珠一串:此句化用了《礼记·乐记》中对歌声的描写,"累累乎端如贯珠"。

② 梁尘暗落琉璃盏:化用刘向《别录》中的"鲁人虞公发声清,晨歌动梁尘"一句。

③ 渐遏遥天,不放行云散:此典出自《列子·汤问》。战国时期,一个叫薛谭的人向秦青学习唱歌,刚学得一点皮毛,还没学到秦青真正的技艺,便以为学完了,于是告辞回家。秦青没有阻拦他,而是在给他送行的郊外大路上抚琴悲歌。歌声振动了路边的树林,连空中的飞云也被挡住了。薛谭听后感到惭愧,便向秦青道歉并留了下来,从此再也不提回家的要求。

的容貌如雾里看花，在柳永眼中，那个隔帘献艺的歌伎有着如幻影一般的美貌。他说不出美人具体的模样，只说了一句"不见如花面"，给读者留下丰富的想象空间。古代散文的精华给柳永打下了深厚的文学功底，"珠一串"形象地写出歌伎圆润流转的歌声，"牙板数敲"四字让人仿佛听到了有板有眼的节奏声；"梁尘暗落"四字写出了歌声的穿透力，再衬以一只"琉璃盏"，用晶莹剔透的器皿来盛放震动下来的梁尘，巧妙的比喻呈现出超凡脱俗的美感。

"桐树花声孤凤怨"，是说凤凰非梧桐不栖，这是柳永借助意象勾勒的画面，使读者受画面的引导进入无边无际的联想中。词中带有悲剧色彩的字眼将清越的歌声点染得凄怨、孤寂、哀婉，以至于听者被凄婉的歌声感动得"肠先断"。

从"坐上少年听不惯"一句可以推知，词中少年即是柳永，而"帘内清歌帘外宴"说明是在私人家宴上，因为北宋时期在歌馆听歌是不需要隔帘的。柳永被歌声深深地吸引了，遂写下此词。在这首富有画面感的词中，读者如闻其声，不仅有听觉上的享受，还有视觉上的享受。柳永在词中用典也非常老到，有评论家称，"词写歌伎之美与歌声之美，次第写来，虚实相间，连连用典，意在典中，一丝不紊"。如此声情并茂的音乐诗词堪称上品。

宋至道三年（997年），功成名就的柳宜命其弟携画像前往故乡福建崇安，慰问家母虞氏，顺便也带柳永一同返回故乡。重返故乡的柳永忘情于山水之间，常常在武夷山中流连。在武夷山一带，至今还流传着柳永秉烛夜游的故事。宋咸平元年（998年），柳永重游儿时去过的中峰寺。他站在伏虎坛前，禅师叱咤风雷、降伏猛虎的英姿在他的脑海中重现。

攀萝蹑石落崔嵬，千万峰中梵室开。

僧向半空为世界,眼看平地起风雷。
猿偷晓果升松去,竹逗清流入槛来。
旬月经游殊不厌,欲归回首更迟回。

柳永《题中峰寺》

这首诗采用铺叙的手法,叙述了游览的过程。一个年轻人沿着陡峭崎岖的石径登山,攀萝附藤爬过高冈。他远远望见重峦叠嶂间寺庙的飞檐如同悬在半空,顿觉脚下生风,耳边仿佛有风雷声。他涉水穿过林莽,来到群山环抱的古寺。他瞻望伏虎坛胜迹,脑海中不禁浮现出禅师降伏猛虎的英姿。恰在此时,在茫茫林海中,一只猿猴敏捷地攀爬到藤萝间偷摘松果。又见一条清澈的泉水蜿蜒流过修长翠绿的竹林,流进寺庙。他不禁心生感叹:即使在此地玩上一个月,也不会厌倦。直到天黑不得不走,也是一步三回头,流连不愿归去。

一次,柳永重游中峰寺时,无意间看到了一首令他印象深刻的好词《眉峰碧·蹙破眉峰碧》。

蹙破眉峰碧,纤手还重执。镇日相看未足时,忍便、使鸳鸯只?

薄暮投孤驿,风雨愁通夕。窗外芭蕉窗里人,分明叶上心头滴。

无名氏《眉峰碧·蹙破眉峰碧》

这首词表现了在恋情中缱绻的男女分别时难舍难离的情景,以及别离一方孤苦惆怅的心情。

在上阕中,最见功夫的是表现人物内心与动作的描写。其精彩之处不在于辞藻的华美新奇,而在于平淡中极强的表现力,有淡中寓奇之美。"蹙破眉峰"四字生动地写出二人满面愁苦的模样。"纤手还重执",最以一个"执"字有可遇而不可求之妙。"镇日相看未足时,忍便、使鸳鸯只"写两人即便如影随形,仍然觉得时间太短,不能尽欢。最害怕的是彼此分离,道尽二人"拆鸳鸯在两下里,一个这壁,一个那壁"① 的缱绻难离之情。

下阕写离别之后的孤寂与难堪。在上阕难舍难分的情绪中还有某种理想与憧憬的色彩,而下阕完全是写实,写离别之人在异地的孤寂。天色渐渐暗了下来,在暮色中找到的歇脚之处也是个令人备感孤独的驿站,只能在此熬过一个不眠之夜。"薄暮"说明投宿的时间是在夜幕降临之时,对于一个孤单的行路者来说,愁意也在不知不觉间随夜色涌上心头。离人的内心无法平静,一夜无眠。在昏暗的夜晚,窗外的芭蕉在风雨的吹打下簌簌作响,声音透过窗棂传到离人的耳中,打在芭蕉叶上的雨点分明也打在了离人的心上。在风雨交加的夜晚,芭蕉遭受摧残的情景,烘托出离人的凄凉孤寂,情景交融,表现出震撼人心的艺术效果。

这首写市井平民羁旅行役之苦的词作,其着眼点并不在于途中的劳顿,而在于离愁别绪。一个行色寒碜的旅人为了赶路,直到傍晚才投宿在荒村驿店,又在风雨交加声中苦熬一夜。"薄暮投孤驿,风雨愁通夕"一句与唐宋文人作品相比,可称为名句。据宋代王明清在《玉照新志》中记载,宋徽宗看了这首词后,亲书其后云:"此词甚佳,不知何人作,奏来!"这首无名氏的作品深深地影响了柳永,于是将此词题写在墙壁上,反复琢磨。在他后来写的《雨霖铃·寒蝉凄切》一词中,可以看到化用这首词的痕迹,如"执手相看泪眼,竟无语凝噎";又如《定风波·自春来》中的

---

① 元·王实甫《长亭送别》。

化用,"镇相随,莫抛躲。针线闲拈伴伊坐。和我。免使年少,光阴虚过"。从中可以看出,《眉峰碧·蹙破眉峰碧》对柳永的诗词创作产生了很大的影响。

第二章

杳杳巫峰十二,千古暮云深

十五岁时,柳永迎娶了门当户对的梅姬为妻。新婚之初,两人你侬我侬,无限温存。但随着了解的深入,夫妻感情出现裂痕。柳永不堪其扰,向父母提出外出游历、"以文会友"的计划。然而,在江南游历的三年内,柳永从未停止对梅姬的思念。

年纪方当笄岁

宋咸平四年（1001年），柳永虽未完全褪尽稚气，但在古代社会，他已到该谈婚论嫁的年纪了。关于柳永的婚娶与发妻之死，没有多少记载可资考证，我们只能从柳词纪实性的雪泥鸿爪中找出线索。虽然这只是凭着直觉和推断得来的结果，但大体来说，距事实真相并不太远。柳永十五岁成婚，与妻子过了三年卿卿我我的恩爱日子。十七岁那年秋天，还未到婚姻"七年之痒"的时候，柳永便用"以文会友"为托词，跑去江浙两湖之间晃荡了三年。

柳永开始写诗作词便一鸣惊人，在诗词界小有名气。他风华正茂，蜚声四起，引人注目。按照古代的婚嫁习俗，媒人纷纷上门来提亲，差点踏破了柳家的门槛。柳宜以柳永年纪尚小为由婉拒，想等他大一点再说，这样对他的学业也有好处。但媒人们不依不饶，依旧络绎不绝地上门，柳宜只好写信给乡下的继母虞氏，希望她拿个主意。虞氏迫切地想抱上重孙子，便不顾柳宜的计划，急忙四处张罗。后来，她物色了一个官宦人家的女儿，芳名梅姬。两家算得上门当户对。

古代婚姻恪守父母之命、媒妁之言，但宋代的社会环境相对宽松，虽然没有现代社会男女大张旗鼓谈恋爱的风气，但也没有男女授受不亲那般森严。当时的寡妇有改嫁的自由，如果有人阻挠寡妇改嫁，即使是官场中人，也可能面临丢掉乌纱帽的风险。因此，宋代妇女改嫁者很多，北宋名臣范仲淹的母亲就是改嫁妇女。还有一个例子，北宋名相王安石的儿子，怀疑妻子有外遇，王安石怜悯儿媳的遭遇，又恐怕离婚后影响儿媳的名声，便大张旗鼓地亲自主持了儿媳再嫁的仪礼。南宋时，有两位高官因母亲改嫁而生于两家，母亲去世后，两人争着葬母，宋孝宗听说后大为感动，表示要由他出面安葬逝者，一个官宦人家的葬礼竟升格为国葬。

柳永和梅姬的婚姻也是十分开明的，两人并不是到入洞房时才掀起盖头来见第一面，而是在婚前就隆重地相见了。这天，柳宜的夫人刘氏与两位媒人领着柳永，到离朱雀门外街东不远的名园迎祥池画舫相亲，两家欢欢喜喜地以礼相见。桌上酒果飘香，舫内喜气洋洋，两家长辈聊着家长里短。一对佳人郎才女貌，含情脉脉地互相凝视。夫人刘氏对梅姬非常满意，对柳永耳语一番，柳永起身施礼后在梅姬的发髻上插了一支钗子。梅姬不久之后花落柳家，两家各遂其意。接下来，夫人刘氏跑遍全城首饰店，挑上好的金钏、金镯、金帔坠。除这"三金"之外，绫罗绸缎、珠宝、钗环一应俱全。柳家选好黄道吉日，准备花茶、果物、团圆饼、羊酒等物，宴请媒人并向女家行了聘礼，订下这门亲事。

大婚在即，自正月十三日起，柳家张灯结彩，门前车水马龙，客人纷纷道贺。到了元宵节，喜上加喜，柳家门前，来自教坊的乐师与侍女仆役们早已列队迎宾。侍女们个个花枝招展，女家来宾在媒人的引导下向乐师、侍女以及看热闹的人群散发吉利钱。此时，鼓乐齐鸣，欢声雷动，女家来宾到新房铺好床铺，并留下从嫁女看守房中，等候新人到来。等一切礼仪结束后，男方做回礼，女方人马这才迤逦而去。十六日清晨，柳家门前观者如云，热闹非凡。前去女家迎亲的队伍在一阵锣鼓喧天声中来到柳家，新娘在引导下步入新房。新娘刚坐在床上，四处鞭炮一齐燃放，鼓乐喧天。鞭炮声中，侍女手捧花烛，迎新郎入房。

旧时婚礼的仪式甚多，柳永从清晨忙到戌末亥初时分，才进入洞房。沉浸在新婚喜悦中的柳永看着羞答答的新娘，心中无限温存。新娘比第一次见面时更加妩媚，腮如桃花，莺语呢喃。两人一阵卿卿我我后，已到了子时，良辰吉日，两人怀着浓情蜜意进入香甜的梦乡。

转眼到了三四月，清明节，人们纷纷出外踏青。据《东京梦华录》记载："寒食第三节，即清明日矣，凡新坟皆用此日拜扫。都城人出郊……四野如市，往往就芳树之下，或园囿之间，罗列杯盘，互相劝酬。都城之歌儿舞女，遍满园亭，抵暮而归。各携枣㾿、炊饼、黄胖、掉刀、奇花异果、山亭戏具、鸭卵鸡雏，谓之'门外土仪'。轿子即以杨柳杂花装簇顶上，四垂遮映。"

三四月的旖旎春色明媚亮丽，像情窦初开的少女一样。人们倾城出动，漫山遍野一片游春盛况。一天，柳永带上娇妻、丫鬟和书童，乘着马车到郊外整整玩了一天，天黑时分才回来。简单吃了点饭菜，夫妻二人便进屋睡觉了。待第二天醒来时，已是日上三竿。柳永伸个懒腰坐起来，回头一看不觉神魂颠倒，只见梅姬睡眼惺忪，黛眉轻扫，一头秀发凌乱地散在耳畔，娇美的姿态直叫柳永无法抵挡。

新婚生活其乐融融，柳永这段时间创作的诗词大多写男女间的缠绵情愫，尤以新婚夫妇的床笫题材最有滋味。

欲掩香帷论缱绻。先敛双蛾愁夜短。催促少年郎，先去睡，鸳衾图暖。

须臾放了残针线。脱罗裳、恣情无限。留取帐前灯，时时待、看伊娇面。

柳永《菊花新·欲掩香帷论缱绻》

这首词语意浅显地写出一对新婚夫妻在入睡前饶有趣味的对话和心理活动，描述了一个富有戏剧性的场面。洞房之夜后的生活无限缱绻，"先敛双蛾愁夜短"，刻画了妻子觉得一夜缠绵时间太短的心理。妻子想捉弄一下丈夫，便撒娇地叫丈夫先上床睡觉，要他把被窝捂热。她借口说还要做针线活，等她放下针线后，"脱罗裳、恣情无限"。不料丈夫回答她："留取帐前灯，时时待、看伊娇面。"这几句话把丈夫的心理刻画得活灵活现，他不仅要和妻子"恣情无限"，还要时不时看看妻子娇美的容颜。这几句话语意双关，指出妻子容貌出众。

这首直接写夫妻闺房情趣的词被一些文人所排斥。历来很多学者接受不了柳永写男欢女爱的艳词，说他太露骨。古代文人写男女之情大都隔着一层面纱，营造欲拒还休、若有似无的含蓄美，但也有一些文人不顾一切，写得比较直白。柳永的艳词最令人称道的是，既敢突破禁区又没有猥琐卑劣之感。在他的词中，男女皆是"多情种"，深情款款，极富人情味，细细品之，很有艺术享受之美。

柳永对妻子虽然深情，但他的骨子里风流多情。他的才情很容易将女子吸引到身边来，尤其在汴京这个醉看风月的花花世界，柳永的理智防线是很脆弱的。

《东京梦华录》记载，汴京城中"街南桑家瓦子，近北则中瓦，次里瓦，其中大小勾栏五十余座。内中瓦子莲花棚、牡丹棚、里瓦子夜叉棚、象棚最大，可容数千人"。"瓦子"即瓦肆勾栏，是一种民间文艺场所。由于商业迅猛发展，肇始于唐朝的瓦肆勾栏到了宋代像野火蔓延一般，在汴京遍地开花。所谓"瓦肆"，"来时瓦合，去时瓦解"，其特性就是易聚易散。戏台一搭，人们呼啦啦地围拢来；戏一散，人们又像退潮的海水一下子散开。瓦肆这种娱乐场所的包容性很强，节目五花八门，有在台上演杂剧的戏子，唱着念着人间的悲欢离合；有说书人手握醒木，有板有眼、有声有色地讲说古今大事；有杂耍者演傀儡戏、皮影戏，插科打诨，博君一笑；还有大显身手的杂技演员在台上掐准时机露一手绝活，引得台下一片惊叹……

流光溢彩的汴京城对柳永而言有不可抵挡的诱惑，他很喜欢流连于京城的大小瓦肆，听那些缠绵的小曲儿或看各色绝活。如果简单地将柳永说成是一个沉溺酒色的放纵之徒，显得既不客观也不公正。他在这片天地中怡然自得，最大的推手应该是宋代的社会环境。当时，男人在外寻花问柳很正常。"红颜知己"仿佛是某种身份的象征，似乎只有那些拥有红颜知己的男人才活得滋润。终结了"五代之乱"的宋朝，推行崇文抑武的国策，文人的地位颇高。文人和妓女的关系剪不断，理还乱，很是微妙。有很多文人并不单纯地把妓女视为玩弄的对象，而是才子遇佳人，大有相见恨晚之意，因心有灵犀而结为红颜知己的并不鲜见。

据《东京梦华录》记载："凡京师酒店门首，皆缚彩楼欢门。唯任店入其门，一直主廊约百步，南北天井两廊皆小阁子，向晚灯烛荧煌，上下相照。浓妆妓女数百，聚于主廊槏面上，以待酒客呼唤，望之宛若神仙。"在纸醉金迷的汴京，最叫柳永沉迷的就是那些红口白牙、手持牙板的歌伎，一首首香艳的小曲儿从她们的樱桃小口里缓缓吐出，顿时博得满堂喝彩。汴京城内，几乎家家弦唱，处处笙歌，一派歌舞升平。柳永一有机会就和朋友前往瓦肆听曲，开始时，这只是他学业课余打发无聊时光的消遣方式，可是时间一长，瓦肆之中的靡靡之音渗入他的骨髓。舞台上那些风姿绰约的歌伎容貌妩媚，纤纤素手拨弄琴弦，朱红的双唇吐出一连串珠玉之词，那翕动的红唇和一池秋水般的双眸，让柳永难以自拔地跌进了小儿女的羞怯温柔乡中。后来，柳永成了瓦肆的常客，出入大大小小的秦楼楚馆，成了众多歌伎的座上客。

香靥融春雪，翠鬓軃秋烟。楚腰纤细正笄年。凤帷夜短，偏爱日高眠。起来贪颠耍，只恁残却黛眉，不整花钿。

有时携手闲坐，偎倚绿窗前。温柔情态尽人怜。画堂春过，悄悄落花天。最是娇痴处，尤殢檀郎，未敢拆了秋千。

柳永《促拍满路花·香靥融春雪》

从词中可以感觉到，这个具有野性美的女子给柳永留下了深刻印象，走进了他的内心。她有娇妻梅姬所欠缺的天真情态，又有天然去雕饰的野性，在柳永工笔画般的笔墨下，一个顽皮的俏佳人形象跃然纸上。她肤如凝脂，脸上有一对醉人的酒窝，乌发像瀑布一样从两鬓垂下，纤细的楚腰如风摆杨柳。这个花季少女，有一股天生的慵懒，贪睡到日上三竿，不爱梳妆打扮，却爱疯玩打闹。春天的脚步悄悄走入秦楼画堂，落花无声。夏天临近了，热情奔放的少女依偎着他，二人携手闲坐在窗前。她不但沉迷于与檀郎厮守一处，还要在大热天扯着他去荡秋千，只要她没玩够，就没有哪个敢拆了秋千。

满搦宫腰纤细,年纪方当笄岁。刚被风流沾惹,与合垂杨双髻。初学严妆,如描似削身材,怯雨羞云情意。举措多娇媚。

争奈心性,未会先怜佳婿。长是夜深,不肯便入鸳被。与解罗裳,盈盈背立银釭,却道你但先睡。

柳永《斗百花·满搦宫腰纤细》

这首词的上阕写及笄女子娇羞万分的情态,先突出女子婀娜的身姿,说她的细腰刚好"满搦",就是一把握住的意思,极言腰肢细;其次,女子正当豆蔻年华,"方当笄岁",正是成年的岁数。出嫁时,她把头发挽成云髻,学着穿戴成熟的女子装束。从发式这一细节变化说明她的性意识开始觉醒,似含苞待放的花朵惹人怜爱。初作新妇的她对洞房之夜羞怯万分,举手投足间满是娇媚。

下阕写新婚女子不习惯婚后生活,"争奈心性,未会先怜佳婿",意思是女子还未脱离稚气,仍像少女时任性,不晓得心疼丈夫,也未学会向丈夫撒娇、主动示爱。时间一分一秒地过去,夜已经深了,她仍不肯进入鸳鸯被与丈夫同寝。随着情节层层深入,人物复杂的心理活动跃然纸上。词人用几个生动的细节将人物写活了。"与解罗裳,盈盈背立银釭,却道你但先睡",夫婿上前欲给她宽衣解带,羞怯的她涨红了脸颊,背对银灯,轻声道:"别等我了,你先睡吧。"

这首词主要突出了"娇羞"二字,从不同角度描写了女子的心理状态,着力表现女子不解风情的稚嫩。全篇充满闺阁情调,但可取之处并不在此,而在于对女子心性的刻画。

有人认为,柳永描写的是一位既解风情又不失稚嫩清新的女子。词人运用俚语俗语表现男人"猴急"的心态,赤裸裸而毫不忌讳。在当时的社会中,这已是大众眼中的平常事。但是,道学先生们大呼承受不住,斥责柳永轻薄。词中用语相当露骨,然而,细细琢磨词意，可以看出词中所写的是好人家的女儿初出嫁时的情态。词人以细腻的笔触惟妙惟肖地刻画出一个初为人妇的女子，对其心理状态的描写生动传神，柳永的功力尤见于此，这也正是值得读者反复揣摩之处。

柳永虽然对妻子爱得深沉，但不专情，依他的秉性，弱水三千只取一瓢并不现实。他的妻子梅姬出身官宦之家，这个刚过及笄之年而且还有些脾气的年轻女子，听到柳永在外拈花惹草的传闻，常常大动肝火。她不能容忍柳永频繁出入烟花之地，于是对他冷眼相待，或者跟他大吵大闹，导致他一回到家便焦头烂额。这场包办婚姻在双方的性格矛盾中根本无法经受岁月的磨合，小夫妻常有龃龉口角，搞得柳宜老两口很不放心。更让柳宜放心不下的是柳永的学业，如果他长期这样散漫下去，怎能功成名就？官事之余，柳宜加紧了对柳永三兄弟学业的督促，对平时的学业检查也更加严格了。大体来说，柳永在学业方面要比两个哥哥略胜一筹。

宋咸平六年（1003年）七月，柳永突然对家人提出"以文会友"的游学计划。十六七岁正是修举子业的时候，柳永三兄弟的学业主要由柳宜、王禹偁以及柳宜的几位朋友亲自授业，可谓名师高徒。按理说，三兄弟入国子监没有问题，可是柳永偏在这个时候提出游学计划。好在宋初的学制非常松散，开科无常制，随意性很强，所以柳永提出外出游历，父母也没有阻拦。

柳永心底最真实的想法只有他自己才知道。三年的婚姻生活使他在尝到甜蜜的同时，也忍受了自由受到限制的苦楚，妻子的任性使他心力交瘁。宋代文人间有出仕前外出游历的风气，或以文会友，或拜谒权贵，为之后的入仕铺平道路。但柳永此次出游的目的未见于任何记载，无可稽考。临行前，柳永的母亲很不放心，柳宜责备道："真是妇人之见！十七八岁的男子，读万卷书，行万里路，让他出去闯荡闯荡,再好不过!"

是年秋天,当萧瑟的秋风吹落第一片黄叶,柳永告别了父母和妻子,正式启程。车子穿过汴京城,来到东水门外。柳家丫鬟将事先准备好的食盒拿出来,老仆在岸边撑起帐篷,柳永和妻子坐下来,沉默无语,但神色都显得失落怆然。举目远望,岸边熙熙攘攘,挤满了前来送行的人,人们絮絮叨叨地说着离别的话语。柳永和梅姬,一个俊朗的少年,一个如花似玉的女子,此时此刻,涌起了浓浓的不舍之情,往日里那些琐碎的口角所引起的不愉快都已烟消云散。以往妻子与他拌嘴时那横眉冷对的样子,现在都幻化成一副柔情似水的模样,梅姬那如秋水般的眸子里,噙满了泪水。

离宴殷勤,兰舟凝滞,看看送行南浦。情知道世上,难使皓月长圆,彩云镇聚。算人生、悲莫悲于轻别,最苦正欢娱,便分鸳侣。泪流琼脸,梨花一枝春带雨。

惨黛蛾、盈盈无绪。共黯然销魂,重携素手,话别临行,犹自再三、问道君须去。频耳畔低语。知多少、他日深盟,平生丹素。从今尽把凭鳞羽。

柳永《倾杯·离宴殷勤》

这首词和柳永的另一首名篇《雨霖铃·寒蝉凄切》有相似的情调,相对于后者来说,艺术成就略逊一筹,但也有其独到之处。从"鸳侣"二字可知,这首词写于与妻子离别时。

相传鲁班曾刻木兰树为舟,故古人以"兰舟"为船的美称。"南浦"即江边,古人将水边的送别之所称为南浦。离别的一刻情深意浓,"兰舟"都流连徘徊,不忍离岸。"情知道世上"三句意味深长,明知月有阴晴圆缺,世上没有皓月长久之事,也知道彩云有聚散离合，但在感情上却不能忍受离别的悲伤。之后终于吐露实话，"算人生、悲莫悲于轻别"。然后更进一层，"最苦正欢娱，便分鸳侣"，分别本来就是令人痛苦的，何况还是朝夕相处的"鸳侣"，而且还是"正欢娱"时。时间转瞬即逝，眼看分别的时刻就要到来，妻子已是泪流满面。旋即，感人的一幕出现了。"话别临行"三句表达出妻子的不舍，她一遍又一遍地问："你非要走吗？"当她意识到无可挽回时，便附耳再三叮咛，诉说心中万般依恋。深情款款，令人心伤。

结尾"知多少、他日深盟"四句写出夫妻二人分别后，借鱼雁传书来倾诉彼此的思念之情。"知多少"是一个婉转的疑问句，化实为虚，带出后面可能发生的事。"从今尽把凭鳞羽"，过去那么多深情盟誓、缱绻情书，从今以后只能凭鸿雁传递了。

这首词的独到之处在于融场景描绘、人物刻画、抒情议论于一体，尤以刻画人物情态、动作最为出色。

系我一生心,负你千行泪

柳永曾三次在有"东楚"之称的江浙一带为官,一次是宋景祐元年(1034年),柳永中进士后去睦州任推官;还有两次是宋庆历二年(1042年)冬与宋庆历七年(1047年)春夏,去苏杭为官。柳永前往苏杭是凭着"以文会友"的名义,实际上是游山玩水。他肩上没有重任,很是轻松。但与妻子南浦一别的当晚,柳永第一次尝到不能与妻子相拥而眠的滋味。夜半时分,一阵凉风从船舷外吹入,他打了一个寒战醒过来。从船舷往外望去,一弯残月孤单地挂在空中,他突然万分想念留在汴京的妻子。

薄衾小枕凉天气,乍觉别离滋味。展转数寒更,起了还重睡。毕竟不成眠,一夜长如岁。

也拟待、却回征辔。又争奈、已成行计。万种思量,多方开解,只恁寂寞厌厌地。系我一生心,负你千行泪。

柳永《忆帝京·薄衾小枕凉天气》

初秋时节，行船水上，天气虽然转凉但还没有到寒冷的地步，柳永打了个盹，却因为被子太薄而被冻醒。他的情感在这惊醒中酝酿出难以名状的离别滋味，再也无法入睡了。夜色深深，一夜如同一年那样漫长。在翻来覆去中，他的内心发生了深刻的理智与情感的冲突，复杂的内心体验、痛苦的相思之情溢于笔端。在浓得化不开的思念情绪中，他有过打道回府的念头，只是已然踏上了征程，哪有说返就返的呢？归不得归，行又不愿意行，寂寞与悔恨交织着无奈，感情千回百转。词至韵末，情感达到高潮。面对两人别离的处境，他直言心声，诉尽深情："系我一生心，负你千行泪。"我将一生一世把你系在心上，无奈却辜负了你那无尽的伤心泪。这两句情极深厚，恰到好处地结束了全词，又留下了深长的韵味。

从传统词学的欣赏角度来看，全词直陈其事，不假掩饰，格调和谐，结尾处"着一实语"，但不显得"轻而露"。全词大部分笔墨都围绕词人单方面铺设，在结尾处笔锋一转，由己及人，化实为虚，以虚衬实，章法别致。全词虽然语言简朴，却愈显词人性情忠厚。如此看来，以情结尾的写法如果运用得当，完全可以取得很好的效果。从起首的"乍觉"到煎熬不断，再到苦苦挣扎，直至最后发出真心誓言，相思之情溢于笔端，深刻地展示了词人卓越的艺术才华。柳永凭借这首词堪称绘景高手、写情巨匠。这首词在柳永的同类作品中比较有特色，词的上阕写他因思念妻子而通宵难眠，很有乐府诗的神韵；下阕由景转情，抒写游子思归，表现出游子因理智与感情的强烈冲突而产生的复杂的内心体验。全词运用白描手法，新颖别致，纯粹的口语，读来音韵婉转，令人耳目一新。

一夜煎熬终于过去，晨光熹微，主仆二人继续东行。汴京渐行渐远，他们在汴水上度过好几天，到泗水才稍事休息，然后水陆兼程，向"吴邦越国"进发。不管柳永如何纠结，既然走出了这一步，似乎也没有足够的理由无功而返。在思念妻子的同时，他想起自己平日里对妻子的放纵和宠溺，使得妻子为所欲为，对自己时好时坏，使他常有焦头烂额的狼狈之感。但问题是不是都出在妻子身上呢？如果自己对妻子专情、耐心一点，恐怕也不至于让妻子在家里闹得天翻地覆。

凤枕鸾帷。二三载，如鱼似水相知。良天好景，深怜多爱，无非尽意依随。奈何伊。恣性灵、忒煞些儿。无事孜煎，万回千度，怎忍分离。

而今渐行渐远，渐觉虽悔难追。漫恁寄消息，终久奚为。也拟重论缱绻，争奈翻覆思维。纵再会，只恐恩情，难似当时。

柳永《驻马听·凤枕鸾帷》

从"凤枕鸾帷"三句可以看出，柳永的新婚生活是相亲相爱的。夫妻共同生活的三年间，"如鱼似水相知"，可谓琴瑟和谐。很遗憾，这种你侬我侬的神仙日子只维系了"二三载"。词中一"深"一"多"，足见柳永对娇妻的呵护和怜爱，只是"奈何伊"，他的百般呵护使妻子变得骄横恣肆、任性刁蛮，叫丈夫实在难以忍受，免不了龃龉不断，给美好的婚姻生活投下了阴影。一旦闲暇无事，丈夫便愁上心头，思前想后。一方面，他无法忍受妻子的坏脾气；另一方面，又因情意绵绵而不忍分离，怎么也舍不得她。现在，他对修复双方感情裂痕一事没有太多把握，整日坐立不安，诚惶诚恐，受尽折磨。相思之情剪不断、理还乱，愈加难以抑制。而今与她渐行渐远，后悔之意悄悄爬上心头，可惜覆水难收。即使鸿雁传书也是徒然，除非相聚，不然这相思之苦实难排解。但他也清醒地认识到，纵然与她再相会，恐怕两人的情意也不可能如最初时那般纯真与炽热了。这是词人发自肺腑的话,他有意要与妻子和好,但妻子不可能像初见时那般温柔娇羞,二人的感情也不可能修复如初。翻来覆去的结果是什么呢?答案很煞风景,"纵再会,只恐恩情,难似当时",他不由得垂头丧气。这几句话恰恰透露出词人对人情世故的清醒认识。

从上阕来看,柳永此次远游是在婚后"二三载"。两三年的夫妻生活,虽然没有史料记载说柳永的妻子是个厉害角色,但柳永对妻子百般娇宠,放任妻子"恣性灵,忒煞些儿"。对于一个喜怒无常的妻子,柳永实在无力招架,这或许可以作为柳永早年南游钱塘的原因之一。

自宋以来,柳永的俗词备受一些正统词论家的诟病,他们指责他的"淫冶讴歌之曲"有悖社会的道德准则,不符合主流文化的审美趣味,所以历代词选都对这类词持排斥态度,很少收录。其实,柳永的俗词大都具有一定的思想意义和较高的艺术水准。他在写作男女别离与相思的主题时,通篇既不写景也不叙事,跳出了即景传情或因物兴感的套路,而采用直言方式吐露真情。风格直率明快,洋溢着词人发自内心的真情实感,深挚感人。

这首词在写法上颇具特色,同样是刻骨铭心地思慕爱人,既没有"所谓伊人,在水一方。溯洄从之,道阻且长。溯游从之,宛在水中央"的含蓄,又没有"求之不得,寤寐思服。悠哉悠哉,辗转反侧"的煽情。这首词貌似"辗转反侧",但更加直白,读者可一览无余地看到词人对爱人的种种相思与幽幽的自责和哀怨。

柳永南下的第一站是苏州。苏州古为吴地,这个位处太湖平原和长江三角洲中心地带的古都,地位尊崇,非同一般,西汉武帝时为江南政治、经济中心。司马迁在《史记·货殖列传》中,称苏州为"江东第一都会"。柳永在苏州以文会友,遍交高朋,可惜柳永文集不存,如今无法考证他的详细踪迹。他结交了哪些人,以及他们唱诗作歌的场景,都没有记载,我们只能凭借他留下的酬唱应和之作,抽丝剥茧地找出某些行踪线索。

> 追悔当初孤深愿。经年价、两成幽怨。任越水吴山,似屏如障堪游玩。奈独自、慵抬眼。
> 赏烟花,听弦管。图欢笑、转加肠断①。更时展丹青,强拈书信频频看。又争似、亲相见。
>
> 柳永《凤衔杯·追悔当初孤深愿》

在柳永词中,最常见又最游刃有余的是写景叙事抒怀,而这首词别开生面,起笔直接切入话题。一个"悔"字,奠定了整首词的感情基调。辜负者与被负者都愁怨郁结,深藏于心。当初他与心爱的人离别,辜负了她的一片深情厚谊。"任越水吴山,似屏如障堪游玩。奈独自、慵抬眼",沿途的山水之美与个人心情发生了冲突。吴越山水如画,仿佛屏风上的美图,供人游赏,奈何他独自一人,游兴淡然,只是慵懒抬眼,无心欣赏。

下阕仍然写愁怨余音,词人不厌其烦地诉说相思不得见的苦恼。他强颜欢笑,苦苦挣扎,看春天美景、歌舞表演,但兴致索然,本想重见欢笑,哪知悲痛反倒愈深。为了摆脱这相思之苦,他只好翻看妻子的书信寻求解脱,时常展开妻子的画像,频频地看书信,但又怎么比得上亲身相见那般甜蜜。"时展丹青""强拈书信"的动作

---

① 转加肠断:出自干宝《搜神记》卷二十,"临川东兴有人入山,得猿子,便将归,猿母自后逐至家。此人缚猿子于庭中树上,以示之。其母便抟颊向人欲乞哀,状直谓口不能言耳。此人既不能放,竟击杀之。猿母悲唤,自掷而死。此人破肠视之,寸寸断裂"。这句话用在此处,形象地表现了词人痛彻心扉的心境。

描写生动传神，这些细节说明词人为摆脱内心愁苦的挣扎，但终究是徒劳，因为"又争似、亲相见"的清醒觉知让他明白这些努力不过是隔靴搔痒罢了，根本不能解决问题。

这首词表现了男女间的离别情思，但手法上有些特别之处。词作基本摆脱了即景传情和因物兴感的传统模式，直接采用白话描述，娓娓道来，语言浅显又不失含蓄。全词紧紧围绕一个"怨"字层层铺陈，因"怨"而慵懒抬眼看吴越山水；为了解"怨"去赏美景，谁知本是"图欢笑"，结果却"转加肠断"；最后殷勤展看妻子书信，还是难纾心结，终究不如亲见。全词唯见一个"怨"字。西北大学中文系教授薛瑞生在《柳永词选》中评价："层层反复，层层脱卸，将对妻子的思念之情写得既缠绵悱恻，又幽怨感人。"从词中"经年价、两成幽怨"之句来推断，此词应当是少年柳永离京远游之第二年所作，"越水吴山"说明柳永远游之地在苏杭。统观全词可以看出，这是柳永客居苏杭时因思念妻子所作，在南游钱塘期间，思念妻子和过往的温存岁月是他绕不过去的一块心病。

玉楼深处,有个人相忆

五代十国时期,杭州在吴国的版图内。幸运的是,在数十年的战争中,杭州免于遭战火涂炭。宋时,经济重心南移,经济的繁荣使苏州的秦楼楚馆一时成为花柳繁华地、温柔富贵乡。北宋时的苏州"乃红尘中第一等富贵风流之地"。柳永的第二站为杭州,杭州比苏州发迹得晚。古代杭州作为良渚文化的发源地,由于吴越王钱镠定都于此而跻身古都行列。北宋时期,后来居上的杭州拥有"风物雄丽为东南冠"之美誉。当时,人们对两地之富庶多有赞语,如陆游所言"苏常熟,天下足",以及宋人传扬的"上有天堂,下有苏杭"。近距离接触两地民风的柳永乐不思蜀,沉醉于听歌买笑之中。

飞琼伴侣①,偶别珠宫,未返神仙行缀。取次梳妆,寻常言语,有得几多姝丽。拟把名花比。恐旁人笑我,谈何容易。细思

---

① 飞琼伴侣:飞琼即仙女许飞琼,西王母侍女,擅长"鼓震灵之簧"。宋词中多用以比喻歌舞吹奏的女子。

算、奇葩艳卉，惟是深红浅白而已。争如这多情，占得人间，千娇百媚。

须信画堂绣阁，皓月清风，忍把光阴轻弃。自古及今，佳人才子，少得当年双美。且恁相偎倚。未消得、怜我多才多艺。愿奶奶、兰心蕙性，枕前言下，表余心意。为盟誓。今生断不孤鸳被。

柳永《玉女摇仙佩·飞琼伴侣》

这美丽的人儿不同凡响，她是王母娘娘的侍女许飞琼身边的女伴，偶然离开了天宫，在人间长久地流落，未返回神仙行列。她随意红装素裹，寻常言语，却是"天生丽质难自弃"，使身边无数美女相形见绌、黯然失色，情愿不与她争艳。词人有心将她比作珍贵的花朵，又怕旁人笑他痴愚。这样风情万种的女子如何用花朵来形容，真是颇费心思。世上有数不尽的奇花异卉，只不过是深红浅白的单调颜色，怎么比得上她集世间纷繁美丽于一身，千娇百媚，风情万种。

在那华丽无比的堂舍和美女如云的绣阁中，在清风明月的良辰美景下，佳人环绕，怎么忍心把这美人抛弃？自古以来，才子佳人能在盛年相遇，实为难事。彼此亲热相偎，未尝抵得过我才艺超人、用情更深。愿美人你心地纯洁，常有兰之性情，我也枕前言下，深表我的浓浓爱意。让我俩盟誓，今生今世永不分离。

人们常用名花喻美女，而柳永却认为用花比喻美女已不能达意。在柳永眼中，"奇葩艳卉"不过是或红得浓烈，或白得浅淡，完全不足以比喻这位占尽人间风情的女子。此话出奇地突破了自古以来用名花香草比喻美人的俗套。

细究起来，从叙写的情事来看，这首词描写的女主人公似乎是一位沦落风尘的女子，但在词人笔下，她是那样清丽脱俗又妩媚多情,可谓是"占得人间,千娇百媚"。这是柳永创作中一个难能可贵的闪光点,那就是以平等的心态对待处于社会下层的妓女。他把妓女看作与自己相同的普通人,并与之倾诉衷情,这种思想之光在下阕体现得更为集中。

"第一个把女人比作花的是天才,第二个把女人比作花的是庸才,第三个把女人比作花的是蠢材",清人沈谦认为,将美女比作鲜花是老掉牙的陈词滥调,俗之又俗,而比喻的生命贵在鲜活,在于跳出寻常思维后的意外发现。这个占尽人间之美的女子,就是"深红浅白"也只能相形见绌。上阕写从仙女舞队中走出来的美人"千娇百媚",来到尘世仿佛是为了领略人间的良辰美景、"皓月清风";下阕中的"我"走到前台,自我展示多才多艺。典型的才子配佳人,写得深情款款、柔情蜜意。结语"今生断不孤鸳被",以一场好梦收尾,但梦终究是梦,醒来后仍然排遣不了心中的无限惆怅。后世评论家认为,词中"愿奶奶、兰心蕙性,枕前言下,表余心意"数句,"轻薄"甚至"秽亵"。从语句上看,实有露骨之感,然而从"须信"领起,就知道这完全是想象之语。更何况,柳词本身就由歌女们配以管弦,他何必假装正经地刻意避俗。善于铺叙、流利婉转是柳词的词风。这首词写得迷离缥缈,韵味不尽,词中"取次梳妆,寻常言语,有得几多妹丽"数句,举重若轻,以简约的笔墨将人物的性格特征刻画得活灵活现,但见词人深厚的写作功力。

在这首词中,柳永首次表露他进步的爱情观,提倡"才子佳人"的爱情模式,这是其思想中新兴的、带有进步色彩的意识觉醒。柳永提倡的爱情模式是对封建门第的公开挑战,冲破了"父母之命,媒妁之言"的婚姻制度,对后世产生了很大影响。金代董解元的《西厢记诸宫调》和元代王实甫的《西厢记》中表现出的"从今至古,自是佳人合配才子"的主题思想,明显是受柳永爱情观的启发。虽然词中有"愿奶奶"等俚俗之语,但与全词所表现的思想闪光点和艺术成就相比,可以说是瑕不掩瑜。

> 雨晴气爽,伫立江楼望处。澄明远水生光,重叠暮山耸翠。遥认断桥幽径。隐隐渔村,向晚孤烟起。
> 残阳里。脉脉朱栏静倚。黯然情绪,未饮先如醉。愁无际。暮云过了,秋光老尽,故人千里。竟日空凝睇。
> 柳永《诉衷情近·雨晴气爽》

词人以疏淡的笔调描绘出江南水乡令人沉醉的秋色,雨过天晴,秋高气爽,登上江边的楼台,伫立远眺。远处的江水清澈明亮,波光粼粼;山峦叠翠,连绵不断。词人凝神眺望,依稀辨认出西湖断桥,曲径通幽,深处是若隐若现的渔村,正是傍晚时分,远处炊烟袅袅。"黯然情绪,未饮先如醉",还未饮酒就进入醉的状态,足见离别的忧愁像一张无边的大网牢牢地网住了词人的心。"暮云过了,秋光老尽,故人千里"三句画龙点睛,悲秋伤感却无计可施,只有一声叹息:"竟日空凝睇。"

这首词的结构布局独具匠心,写得清新可人,不落俗套。上阕如一幅意境美妙的江村晚景图,雨后的江楼、无语东流的江水、层峦叠翠的远山,还有那暮色中犹如水墨画般的断桥、幽径、渔村、炊烟,远近错落的景象渲染出浓重的江上秋色,有一种凄美动人的情调。下阕着重抒情,词人凭栏倚靠,忧伤情绪蔓延开来,在斜阳中变得无边无际。秋光转瞬即逝,千里之外的故人不知过得怎么样,词人呆呆地凝视远方,空留下许多哀叹。整个下阕风格沉重,哀婉感人。

时间一晃到了第二年的冬末初春，柳永独在异乡，虽然青楼歌伎的小曲儿可以聊解他一时的寂寞，却解不了他骨子里的思乡之情。这里是江南水乡，远在汴京的妻子那娇憨的模样常常在夜深人静时浮现脑海，从新婚宴尔的温柔乡到争吵不断的烦恼，使他拿不起、放不下。

如花貌。当来便约，永结同心偕老。为妙年、俊格聪明，凌厉多方怜爱，何期养成心性近，元来都不相表。渐作分飞计料。

稍觉因情难供，恁殛恼。争克罢同欢笑。已是断弦尤续，覆水难收，常向人前诵谈，空遣时传音耗。谩悔懊。此事何时坏了。

柳永《八六子·如花貌》

这首词生动地反映了柳永在这段感情经历中的复杂心情。上阕说妻子如花般的美貌及永结同心的婚姻，可是这神仙眷侣般的生活却暗藏隐患。当初的约定眼看半途而废，他对娇妻"多方怜爱"，把她惯到令人难以容忍的地步。柳永在责怪妻子的同时，也在自责，现在两人的矛盾已难以调和，他开始在心里暗暗做分手的打算。

爱情难以维系，心中烦恼，"争克罢同欢笑"，随即笔锋一转，反问自己，怎么舍得丢下那和自己一起欢笑过的人。就在这犹豫不决之际，"断弦尤续，覆水难收"，再贴切不过地说明两人的爱情已经难以弥合。可是问题没有这么简单，话说"一日夫妻百日恩"，远方的妻子常向别人述说往事，又常常与他鸿雁传书，两人似乎都有悔意。他的意念像一个浪头折了回来，"谩悔懊。此事何时坏了"。冷静下来的柳永开始思索，二人的感情闹到如此不可收拾的地步，到底是什么原因？

柳永远离汴京游历江南，并不单单是为了躲避夫妻间的矛盾，还有更重要的目的,即广交友人、积累人脉,为今后的仕途做铺垫。

别岸扁舟三两只。葭苇萧萧风浙浙。沙汀宿雁破烟飞,溪桥残月和霜白。渐渐分曙色。路遥山远多行役。往来人,只轮双桨,尽是名利客。

一望乡关烟水隔。转觉归心生羽翼。愁云恨雨两牵萦,新春残腊相催逼。岁华都瞬息。浪萍风梗诚何益。归去来,玉楼深处,有个人相忆。

柳永《归朝欢·别岸扁舟三两只》

在月明如霜的江南水乡,柳永走在清幽小路上,心中满是对妻子的思念和对功名的企望,不免五味杂陈。上阕以白描手法描绘旅途景色,勾勒出一幅江南水乡的冬日晨景。远处的岸边泊着两三只小船,岸边新生的芦苇在风中沙沙作响。栖息在江心沙洲的宿雁受到惊吓,冲破晓烟展翅而飞。残月映照小桥,洒满月光的小桥好似铺上了一层白霜。旅人沿着江村在陆路上行走,远望江岸,走过溪桥。随着曙光渐露,东方发白,路上的行人渐渐多了起来。行人三三两两走在路上,你来我往,柳永的脑海中不自觉地浮现出"天下熙熙,皆为利来;天下攘攘,皆为利往"的古话。水陆往来的行人尽是"名利客",管他坐车的还是坐船的,没有哪个不是为了名、为了利。柳永和路上行人一样,披星戴月,也为了名利匆匆而行。

"一望乡关烟水隔",放眼望去,故乡关河相隔甚远。他突然归心似箭,恨不能马上生出双翅飞回故乡。故乡邈远,烟水迷茫,思乡的煎熬引出他心中无穷的愁云恨雨。浮萍和断梗随风飘荡,一年到头的飘荡完全是徒劳的。但眼下他回不了家乡,于是硬生生地抛出"归去来,玉楼深处,有个人相忆"的自我安慰。这实在是凄凉环境下一抹温暖的色彩。他沉浸在某种设想中,在这个虚幻的设想中,他的妻子正在苦苦地回忆与他生活的点滴往事。在故乡的玉楼,还有个人在想他,这正是他脆弱心灵的一点精神支柱。

但看丁香树，渐结尽春梢

游学期间，柳永与妻子梅姬鸿雁传书，但有段时间，柳永很久没有接到妻子的来信，心里不禁七上八下，想起与妻子度过的那些温馨的日子，心里说不出是什么滋味。一天，柳永收到妻子寄来的一封彩笺，满怀欣喜地拆信读家书。阅罢家信，柳永的心里却像压了一块沉甸甸的石头，妻子生病了。他的妻子本就是个风摆杨柳的"病西施"，这位出身富家的小姐生来娇柔。虽然两人在一起时，三天两头大吵大闹，但丈夫走后，她又日夜思念。都说思念成疾，这话一点儿不假。远在他乡的柳永只有对妻子的思念和心疼，那些琐碎的不快都烟消云散了。宋景德元年（1004年）春，柳永在朋友的陪伴下游历绍兴，之后重回杭州。此时的杭州，到处是清明时节的景象。

拆桐花烂漫，乍疏雨、洗清明。正艳杏烧林，缃桃绣野，芳景如屏。倾城。尽寻胜去，骤雕鞍绀幰出郊垌。风暖繁弦脆管，万家竞奏新声。

盈盈。斗草踏青。人艳冶、递逢迎。向路旁往往，遗簪堕珥，珠翠纵横。欢情。对佳丽地，任金罍罄竭玉山倾。拚却明朝永日，画堂一枕春醒。

柳永《木兰花慢·拆桐花烂漫》

江南的郊外，紫桐先开花后生叶，与三月的信风遥相呼应。紫桐因一夜春雨的浸润而含苞欲放，继而绽开紫白色的小花，瞬间繁茂满枝，标志着清明的到来。这是最具有季节性的烂漫风情，红杏林如燃烧的火焰，如美女喝醉后的面颊，又似有一双巧手将浅色的桃花绣遍郊野，巧夺天工，绚丽烂漫。美景似画屏，踏青的游人纵马驾车奔向郊野，香车宝马、盈盈车幔随处可见。暖风带着繁密清脆的管弦乐声四处飘荡，间或夹杂着银铃般的笑声。

芳草芊绵，佳丽如云，少女们采花斗草。"盈盈"二字本指女性婀娜柔美的体态，用在此处却另有其意，意谓游人中女性人数众多。在风流词人柳永的眼中，最能入他眼的是那些歌伎舞女。只见她们珠翠满头、浓妆艳抹，尽情地享受着春之馈赠，欢快地递身逢迎，应接不暇地招呼过往的公子哥。从"遗簪堕珥，珠翠纵横"二句可知当日游玩排场之盛，暗示踏青的男子多是王公贵族。他们豪放地捧着酒樽狂饮，"拚却明朝永日，画堂一枕春醒"，宁可明日醉卧画堂，今日不醉不还。这种"今朝有酒今朝醉"的狂欢，在柳永眼里是可贵的生命力。

风景如画的杭州美女如云，柳永整天与朋友们探讨学问，酬唱作诗，既潇洒又郁闷，潇洒的是这人间天堂的风流韵事让他舒畅快活，郁闷的是他和妻子之间又爱又怨。接到妻子的来信，他想起妻子是个难侍候的人，便忍不住说些绝情的话；接不到妻子的来信，他又怨家书难递,坐立不安。为了表达对妻子的这种矛盾心态,柳永写下一些代闺怨体词。

洞房记得初相遇。便只合、长相聚。何期小会幽欢,变作离情别绪。况值阑珊春色暮,对满目、乱花狂絮。直恐风光好,尽随伊归去。

一场寂寞凭谁诉。算前言,总轻负。早知恁地难拼,悔不当时留住。其奈风流端正外,更别有,系人心处。一日不思量,也攒眉千度。

柳永《昼夜乐·洞房记得初相遇》

这是柳永自己的爱情经历,写的是一段难忘而短暂的爱情故事。看得出,这是他带着无尽的思念之情而作的词。柳永在词中以虚拟女主人公的语气讲述了一段刻骨铭心的情事。从头到尾,只听见她在诉说心中无尽的懊悔。她先以追忆的方式展开这段故事,省略了很多铺垫的细节,开门见山地忆述了她与情人的初次相会。初遇便是"小会幽欢",可见这段爱情来得炽烈而大胆。这样的爱情会给女人留下难以忘怀的印象。初次相遇的情景让她记忆犹新,她一心想着今生永不分离。但事与愿违,天有不测风云,短短的幽会欢好,竟成了分离前的最后情爱。春意阑珊,触动了她对往日幽会的幸福和离别痛苦的回忆。"直恐风光好,尽随伊人去","伊"字是第三人称的指代词,既可指男性,也可指女性。柳永的词是供女艺人唱的,故此处的"伊"指的应该是男性。看着漫天飘舞的柳絮,女子心里惊惶不安,恐怕这美好的春光将因他的离去而消失。词作惟妙惟肖地表现出女主人公分别前的惶恐心态,说明其思念之强烈。

一场爱情最终在寂寞中落幕,与谁诉说?这是春归人去后最易产生的结果,这些刻骨的想念只能埋在心底。这时,她的情绪开始有了微妙的变化,曾经的海誓山盟被轻易辜负,早知如此放不下,后悔当初没有留住他。这是她带有自责和内疚的内心独白。尽管没有细说他为什么走,但从中可以听出一点端倪,责任应该在女方,或者是她言而无信,"算前言,总轻负",或者是她伤了他的心。现在爱人离去,她后悔了,想起他的种种好处,难以割舍。他一表人才,风流倜傥,怎么能不令人朝思暮想,这个品貌兼优的人绝非轻薄之徒可比。她终于体验到他的种种好处,"一日不思量,也攒眉千度",十分传神地描写出女子的悔恨和思念程度。这两句话采用正话反说的表述方式,一日不想他便眉头紧攒千次,更何况整日想他呢,这将如何是好?

自从回步百花桥①。便独处清宵。凤衾鸳枕,何事等闲抛。纵有余香,也似郎恩爱,向日夜潜消。

恐伊不信芳容改,将憔悴、写霜绡。更凭锦字②,字字说情悰。要识愁肠,但看丁香树,渐结尽春梢。

柳永《西施·自从回步百花桥》

"自从回步百花桥"两句写女主人公与情郎分别后,日日夜夜在寂寞中受尽思念煎熬的情景。"凤衾鸳枕"二句,反衬出女主人

---

① 自从回步百花桥:典故出自《续仙传》,"元和初,元彻、柳实赴浙右省亲,途中遭遇海风飘至孤岛,遇南溟夫人,求归。夫人命侍女紫衣凤冠者曰:'可送客去,而所乘者何?'侍女曰:'有百花桥可驭二子。'二子感谢拜别。夫人赠以玉壶一枚,高尺余。夫人命笔题《玉壶诗》曰:'来从一叶舟中来,去向百花桥上去。若到人间扣玉壶,鸳鸯自解分明语。'俄有桥长数百步,栏槛之上,皆有异花。"

② 更凭锦字:出自《晋书·列女传》,"窦滔妻苏氏,始平人也,名蕙,字若兰,善属文。滔、苻坚时为秦州刺史,被徙流沙,苏氏思之,织锦为回文旋图诗以赠滔。宛转循环读之,词甚凄婉"。后称妻子寄给丈夫的书信为锦书。

公独守空房的凄清，在此加一反问句，其情之切跃然纸上。"纵有"三句先做退一步想，而后又逼进一步，女主人公与情郎非常恩爱，衣袖留香而处处余温尚存，但时间一长，这余香便不知不觉消失了。相思情深，这些从女子口中说出来的话，生动逼真地重现了声声哀怨。

下阕着重描写女主人公的心理活动，细细品味"将憔悴、写霜绡"之句，暗含了女主人公谴责郎君薄情寡义。结尾"要识愁肠，但看丁香树，渐结尽春梢"，以结满枝头的丁香为喻，形象地表述了内心的愁结，极富韵味。

这首代闺怨体词写的是离别之后妻子对丈夫的思念。柳词的一大特点是写实，故而可以推断此词的女主人公应该是柳永之妻。上阕中"百花桥"的典故发生地点在浙江，说明柳永的所在之地为钱塘，时间应该是柳永离开汴京远游江南的第二年。

煦色韶光明媚。轻霭低笼芳树。池塘浅蘸烟芜，帘幕闲垂飞絮。春困厌厌，抛掷斗草工夫，冷落踏青心绪。终日扃朱户。

远恨绵绵，淑景迟迟难度。年少傅粉，依前醉眠何处。深院无人，黄昏乍拆秋千，空锁满庭花雨。

柳永《斗百花·煦色韶光明媚》

这首词首尾两处写景，上阕写女子在大好春色中寂寞地独守空闺，心中怅怨，以美妙春景反衬内心的孤寂；下阕写她相思成疾、百无聊赖的心境，结尾以庭院花雨映衬内心的愁怨。清代先著、程洪在文集《词洁辑评》中评价该词作："匀稳工整，在柳词亦是上乘。"词意曲折含蓄，叙事委婉，音律和谐，章法绵密，无一不体现出柳词的特色。

一个年轻女子嫁了如意郎君,但是婚后的生活并不幸福,男子用情不专,经常把美娇妻留在家里,自个儿出去寻花问柳。在这个万物复苏的季节,景色宜人,但她却无心游赏,孤寂地独守空房。艳丽的春色撩不起半点欢喜,她仍是满腔幽怨。

　　"煦色韶光明媚"四句,像一组慢镜头悠悠地展现如下画面:春日明媚,薄雾低垂,笼罩在散发芳香的树丛上。镜头慢慢移到树丛旁的池塘,如烟的雾气在池塘上飘浮,隐约可见池塘中摇曳的水草,凌乱而繁茂。镜头最后移到池塘边的一栋小楼,只见帘幕静静垂着,门窗紧闭,柳絮在帘外的春风中飘舞。词人的意图在池塘边的小楼,所以将读者的目光聚焦在这个低垂的门帘,这是词人抛出来的一个小悬念,引导读者看后面的事情。

　　帘外是一片明媚春光,但如此美妙的景色为何让她感到"春困厌厌"呢?这种苦恼的心情搞得她没有心思玩赛百草的游戏,甚至连到郊外踏青的兴趣也没有。她现在兴致索然,一天到晚把朱红大门关得紧紧的。春光越浓,春景越美,她就越感到孤寂,心如死灰。

　　为什么在美好的春景面前她却如此忧郁烦闷?原来她心中有绵绵悠长的怨悔,且听她一一道来。"年少傅粉,依前醉眠何处",她想起那个薄情的年轻人搽着脂粉,就像以前在她这儿那样醉酒共眠,现在不知到哪儿寻花问柳去了。她的话里既包含往日恩爱的缱绻,又恨薄情郎如今撇下她出去寻欢作乐,淋漓尽致地写出了一个被轻弃的女子那一腔缠绵悱恻而又怨恨交集的复杂心态。

　　她该怎么打发这无聊的时间呢?万般愁绪无以排遣之时,只有院子里那架秋千为她排忧。她仍然盼望那个年轻人能回到她身边,但幽深的院子里没有人来。寂寞的她只好"黄昏乍拆秋千",这是百无聊赖中唯一能排解忧愁的办法。她一天到晚都在朱红小楼里,因为过度思念,神态显得恍惚迷离,现在她和这满院落红一起被锁在这里，再没有那"傅粉"少年来与她一同嬉戏、荡秋千了。

独倚危楼风细细。望极春愁，黯黯生天际。草色烟光残照里，无言谁会凭栏意。

拟把疏狂图一醉，对酒当歌，强乐还无味。衣带渐宽终不悔，为伊消得人憔悴。

柳永《蝶恋花·独倚危楼风细细》

此词上阕以迷离的景物描写渲染凄楚悲凉的气氛；下阕写主人公为消释离愁而痛饮狂歌，但借酒消愁终究不能解愁，最后将柔情注入笔端，甘愿为思念伊人而衣带渐宽、消瘦憔悴。全词构思巧妙，兼顾漂泊异乡的落魄感受与怀恋意中人的缠绵情思，抒情写景，感情真挚。柳永采用"曲径通幽"的手法，写出了词中主人公坚毅和柔情并存的性格特征，生动地刻画出一个刚柔相济的男子形象。

词中没有细说令这个男子黯然销魂的春愁是什么，一句"无言谁会凭栏意"引人遐思。牵动他"春愁"的是什么，是春色无边引起的伤怀，还是眼前的春色使他想起了在水一方的伊人？词人点到为止，没有细说。他借用萋萋芳草引出"草色烟光残照里"之句，夕阳残照，默默倚栏杆的心意，谁解？"草色烟光"本是描述春色无边，但"残照里"却使春色大打折扣，蒙上了一层伤感的色调。

春愁无以排遣之时，他想到了借酒消愁，干脆开怀痛饮一醉方休，忘却所有。当手中举起酒杯时，猛然醒悟，如此强求反而更无兴致，情愿日渐消瘦而不懊悔，只为你憔悴不堪。这段文字如九曲十八弯，先说狂饮"图一醉"，后说"强乐还无味"，最后说出一个令人心悦诚服的理由，那个令他伤怀的谜底就是在"春愁"掩盖下忠贞不渝的爱情。行文至此，主人公的情绪来了一个急转弯，本来满怀愁绪,挥之不去,对"春愁"颇有微词,但想起心中牵挂的伊人,他宁愿被"春愁"折磨得瘦骨嶙峋。"为伊消得人憔悴"一语中的,"春愁"之外是"相思"二字。

这首词妙在"春愁"即"相思"之意,词人不点明、不说透,只在字里行间透露出蛛丝马迹,眼看要点破了,却笔锋一转,在扑朔迷离、百转千回之后,才让真相浮出水面。最后两句把浓烈的感情推到高潮,又戛然而止,留下悠悠余味。

柳永的朋友们个个是才子,当然看得出柳永这些怨闺体词的真实意图,知道藏在词中的那些怨妇心境其实是柳永假借妻子的口气所写,满含对薄情郎的责备。他并非薄情寡义,他也有情,也有爱,只是个中苦楚只有他自己明白。他的妻子虽然漂亮,但欠缺贤惠,当然也不能说柳永完全没有责任,毕竟没有哪个女人能容忍丈夫在外出入青楼,与歌伎打得火热。查考柳永写的有关妻子的词,可以明显看出词中流露出自责与歉疚,可见柳永的内心深处还是爱妻子的。熟谙他心声的朋友们劝他回家,但他还没有回程的打算。他已答应了两湖的朋友,"以文会友"的计划得圆满完成才行,季布一诺,岂能因为思妻而放弃对朋友的许诺?

断鸿声里,立尽斜阳

宋景德元年(1004年)春,柳永告别了杭州的友人,前往鄂州(今湖北省武汉市武昌区)会友。有关柳永的鄂州之行沿途取道哪些地方没有确切记载,但从他写的诗词中推断,可知走的是水路。沿途"几舍烟村停画舸,更深钓叟归来,数点残灯火",已经把他的行程交代清楚了。他这一路并不孤单,河上来往穿梭的船只很多,即便夜里在梦中也会被过往的船只惊醒,隔着船窗一看,"行客扁舟过。篷窗近,兰桌急"。

淡烟残照,摇曳溪光碧。溪边浅桃深杏,迤逦染春色。昨夜扁舟泊处,枕席当滩碛。波声渔笛。惊回好梦,梦里欲归归不得。
辗转翻成无寐,因此伤行役。思念多媚多娇,咫尺千山隔。都为深情密爱,不忍轻离折。好天良夕。鸳帷寂寞,算得也应暗相忆。
柳永《六么令·淡烟残照》

余晖落在万物之上,恰如浮动的淡淡暮烟。碧绿的江水曲折连绵，波光摇曳，深红浅白的桃花杏花开满溪边，争相怒放。水边的桃红杏白为迤逦的溪水镶上了一道绚丽的花边。昨夜扁舟泊在沙滩边，面对浅滩而眠，好不容易才进入梦乡，梦中正在归途，不料被渔笛和波浪声打破了美梦，再也回不到甜蜜的梦中。

在床上翻来覆去，怎么也睡不着，不由得为这羁旅行役感伤。遥想京城的那位佳人，是那般千娇百媚，令人牵肠挂肚。虽然离她并不遥远，却不能相见，就像隔着千山万水一样。他扪心自问，为何如此放不下她？全然是因为与她缱绻情深，不忍轻易分开，只怪自己轻易抛弃了曾经的欢娱。如此美好的时光，她却独眠鸳帐，一定也寂寞难耐，料想她也在暗暗想着他，细细回味他们之前的柔情时光。

一天，傍晚时分，舟行到一处湾汊。在这个江南水乡，柳永打算停歇一夜，于是让船公将船停泊靠岸。

淡烟飘薄。莺花谢、清和院落。树荫翠、密叶成幄。麦秋霁景，夏云忽变奇峰、倚寥廓。波暖银塘，涨新萍绿鱼跃。想端忧多暇，陈王是日，嫩苔生阁。

正铄石天高，流金昼永①，楚榭光风转蕙②，披襟处、波翻翠幕。以文会友，沉李浮瓜③忍轻诺。别馆清闲，避炎蒸、岂须河朔。但尊前随分，雅歌艳舞，尽成欢乐。

柳永《女冠子·淡烟飘薄》

---

① "正铄石天高"二句："铄石""流金"见于《淮南子·诠言》，"十日代出，流金铄石些"。

② 光风转蕙：出自《楚辞·招魂》"川谷径复，流潺湲些。光风转蕙，汜崇兰些"等句。此典出自《风赋》，"楚襄王游于兰台之宫，宋玉景差侍。有风飒然而至，王乃披襟而当之，曰：'快哉此风！寡人所与庶人共者邪？'"

③ 沉李浮瓜：出自三国魏曹丕《与朝歌令吴质书》，"浮甘瓜于清泉，沉朱李于寒水"。

词人以细腻的笔触，描绘了一幅春末初夏的风光，轻烟淡淡飘散，四月的院落里绿肥红瘦，春景渐衰。绿树枝叶勃发，亭亭如盖，翠绿的树叶恰似布帛围起来的帐幕。作为初夏一个醒目的标志，"密叶"很能代表万物蓬勃的生命力。麦收四月，雨后清明，夏云变幻莫测，不时地变化成奇峰异峦矗立在寥廓的天空。温暖的阳光照在池塘的水面上，波光粼粼。水面上有萌发的萍草，在碧波荡漾的水中摇曳多姿，活泼的鱼儿不时跃出水面。一个"银"字照射出池塘的外貌，泛着银光的池塘好似披上了一层明亮的外衣。

如此炎热的夏日，站在水榭上，微风拂面，摇动的草木在月色下泛着微光，兰蕙充实，芳香四溢。词人披上外衣来到翠色帷幕前，眼前一片波光粼粼。词人面对"波翻翠幕"的美景，不禁雅兴大发，光是"以文会友"的欢乐还不够，还要有"沉李浮瓜"的消夏游宴。在炎炎夏日里，吃着在冰凉泉水里浸过的瓜果，真是爽快。

此时，他绝不会像曹植那样白白辜负这大好景色而空自忧伤。高尚的人以文会友，凭借朋友之间的交流和帮助增进自己的仁德。从"忍轻诺"三字可以看出，柳永对朋友一诺千金。老子在《道德经·六十三章》中提到"夫轻诺必寡信"，柳永在"轻诺"二字前加上一个"忍"字，取信朋友的诚意在"忍"字上得到生动的体现。即使已收到妻子病重的消息，柳永也不顾朋友的劝告，而是践行诺言前往鄂州会友。

全词连用七个典故，恰如其分地将词意层层扩大延伸，用典虽多，但不影响全词的明快流畅，而且在用典时妙笔生花，给全词营造出一种典雅古朴的格调，有"用事不使人觉"的境界。这首词描写了怡人的夏景和消夏宴饮的欢乐，在《乐章集》中是一首很特别的词，有很多值得称道之处。首先，词中初夏生机勃勃的景象与柳词中常见的萧瑟衰败的秋之暮景大相径庭。柳永抒发感情的一个显著特点是在词中倾注浓重的隐忧愁绪，而这首词却弥漫着淡雅欢愉，实属少见。此词的抒写手法也别具一格，在上阕写景和下阕直叙中，使用了一连串的典故，用典奇巧，在柳词中也很少见。最关键的是，用典恰到好处，被宋代张炎评为"体认著题，融化不涩"，非常贴切地表达词人的感情。

柳词的用语以涉及艳情和雅致见长，但这首词的用语却流露出一股豪气。"披襟"二字形象地表现出词人的疏放。"岂须河朔"的"岂须"二字与"但尊前随分"的"但"字，丰富地表现了消夏的兴致和天性中那股不拘小节的豪爽。"尊前随分，雅歌艳舞，尽成欢乐"，毫不掩饰地流露出柳永喜好热闹的本性。事实上，柳永本身也是个率直的人，没有必要对自己的本性遮遮掩掩。从审美角度看，柳词写羁旅愁思或男女情爱的词，大多充满缠绵悱恻的阴柔之美，此词却一反常态，表现出少见的阳刚之美。

离开杭州时，初夏如约而至。草木葱茏，由杭州至鄂州的路上，山水秀美。我们从他留下的诗词中可以推断，他这一路都是在江南水乡中穿行。柳词中"几舍烟村停画舸，更深钓叟归来，数点残灯火""摇曳溪光碧"等句描绘的图景，都是只有江南水乡才有的景色。经过几个月的奔波，柳永到达鄂州时已是秋季。鄂州的文友们陪着柳永游历了仪门之南石城上的南楼。据说，晋时镇守武昌的庾亮曾到此一游，因此南楼又被称为"庾楼"。

鄂州庾楼是一座古老的楼阁，位于黄鹄山（今蛇山）黄鹤楼之东。这座楼之所以名声在外，并非因为它"古"，而是与东晋征西将军庾亮有关。东晋时，外戚名士庾亮姿容俊美，善谈玄理，喜好老庄之学，为人严肃庄重，举手投足皆遵礼而行。因他言辞庄重，人人对他皆怀有敬畏之心，不敢轻易靠近。晋时，武昌为江州治所，时任江州领刺史的陶侃一直住在武昌。晋咸和七年（332年），陶侃去世，庾亮领朝廷之命前往武昌，都督江、荆、豫三州。据《武昌县志》载，庾亮在武昌任职八年。他在镇守武昌期间，"崇修学校，高选儒官""坦率行己，召集有方，政绩不著"。据《世说新语·容止》记述："庾太尉在武昌，秋夜气佳景清，使吏殷浩、王胡之之徒登南楼理咏。音调始遒，闻函道中有屐声甚厉，定是庾公。"每逢秋夜气佳景清时，庾亮就与佐吏殷浩、王胡之等人登上南楼温习吟咏。

此时，呈现在柳永眼前的庾楼历经风霜岁月，一片荒凉。石城山一隅像一个沉睡的美人，秀目微阖，枕着大江，西与汉阳遥遥相对，一水之隔，人物草木历历可数。视野内残阳一抹，霁霭明灭，栖鸦归林，好不凄凉。

望处雨收云断，凭栏悄悄，目送秋光。晚景萧疏，堪动宋玉悲凉。水风轻、蘋花渐老，月露冷、梧叶飘黄。遣情伤。故人何在，烟水茫茫。

难忘。文期酒会，几孤风月，屡变星霜。海阔山遥，未知何处是潇湘。念双燕、难凭远信，指暮天、空识归航。黯相望。断鸿声里，立尽斜阳。

柳永《玉蝴蝶·望处雨收云断》

雨已停歇，云也散去，天色将晚，秋景在词人的视野中暗淡下来。"雨收云断"令读者依稀可见天边风云变幻的痕迹。黄昏中，词人孤独地静立在画面中，忧伤地凝望远处。无声的哀愁在延伸，秋天的黄昏，一片萧瑟凄凉，不由得叫人生发出宋玉悲秋之叹。眼前的秋景与掺杂着个人情愫的身世感慨，涌上词人心头。他按捺住万千思绪，将视线由远及近，一幅最能表现秋天特征的景象就此映入眼帘。那是一幅很有悲秋意味的画面，轻风从水面拂过，白蘋花在秋风的摧残下渐渐衰残，凉月凝住了露水，梧桐树禁不住夜露的侵袭，树叶片片落下，已成枯黄。萧瑟的秋夜，令词人顿生寒意，不免有凄清沉寂之感。夏秋间开小白花的浮萍在这个季节已接近生命的尾声，寄寓着词人浪迹江湖的感慨。"梧叶飘黄"中的"黄"字用得非常贴切，表现出梧桐叶飘落的动态。水风、蘋花、月露、梧桐等秋日景物，被词人调制出一幅秋光景物图。此情此景，勾起莫名的忧伤，寂寞中更怀念故朋旧友，如今你们在何方？

往事历历在目，令人难忘。离别后，多少风月时光被辜负；斗转星移，你我相距甚远，天涯海角各在一方。海如此辽阔，山如此遥远，不知要等到何年何月再相逢，想到此处，不免让人凄苦彷徨。"未知何处是潇湘"，从词意来看，"潇湘"指的应该是友人所在之地。词人思念友人之心甚切，但又不能相见，无可奈何间看到燕子翻飞，不禁心潮起伏。燕子双飞，鸿雁传书，它能替我为友人传音送信吗？企盼老友归来，遥望天际苍茫，用心辨识那天涯归舟，谁知千帆过尽皆不是，无奈空等一场。一个"空"字，把词人盼望见到友人的心情写得入木三分。词人默然伫立，无语相望，在傍晚西斜的余晖中，只听得孤雁的鸣叫声在天际飘荡。近代俞陛云在《唐五代两宋词选释》中评价此词："可抵江淹《别赋》，令人增《蒹葭》怀友之思。"

这是一首艺术感染力很强的词，以抒情为主，词人游刃有余地运用时间和空间的转换，融合写景、叙事、怀故人、羁旅和离别，浑然一体。此词结构完整，脉络井然有序，感情在词中流畅地律动。词作既不雕琢也不轻率，而是俗中见雅，平中有奇，隽永有味，有雅俗共赏之妙。

宋景德二年（1005年）三月三日，禊饮春游，柳永在朋友的陪同下,沉浸在踏青的喜悦中。

水乡初禁火,青春未老。芳菲满、柳汀烟岛。波际红帏缥缈。尽杯盘小。歌被禊,声声谐楚调。

路缭绕。野桥新市里,花秾妓好。引游人、竞来喧笑。酩酊谁家年少。任玉山倒。家何处,落日眠芳草。

柳永《小镇西犯·水乡初禁火》

刚过清明的水乡,春意正浓。水边平地柳成行,在那烟雾苍茫的岛屿上,香花芳草蔓延生长。美女窈窕的身影在水岸边忽隐忽现。虽酒量不敌,但少年郎们仍要在被禊祭祀的歌宴上尽情饮酒高歌,与那楚音声声合拍。

道路迂回盘旋。郊外的桥边,整洁的大路旁花木繁茂,歌伎容颜姣好,光彩照人,游人被吸引到此竞相狂欢。那位喝得酩酊大醉的少年是谁家公子?他已醉得不知自己家住何处了,就这样醉倒在花草丛中,直睡到夕阳西下。

这首词应该是写于寒食节后的踏青之时,写禊饮的盛况,以游玩之娱反衬思乡之情。"水乡"三句写三月春景,"波际"四句写禊饮。上阕情调欢快,以景语作情语;下阕则写郊野禊饮盛况,调子不输上阕的欢快,且细节生动,意趣盎然。"酩酊"二字从游人眼中而来,"谁家""家何处"都是以游人身份发问。词中有一个令人关注的问题,那位酒力不支又要狂饮的少年到底是为什么而醉呢?是因为"青春未老"的良辰美景使他"酒不醉人人自醉",还是沉溺于"野桥新市里"那些"花秾妓好"而昏昏然醉倒?"谁家少年"看似一句游人问语,稍微琢磨,就知道实则指柳永本人。

此词采用白描手法,生动有趣地描绘了禊饮的欢乐场景,"细密而妥溜,明白而家常"(刘熙载《艺概·词曲概》)。最令人称道的是,虽是一阕短词,却能让人在短小的篇幅中读到生动的故事、鲜明的情节与人物,这正是"柳七郎风味"的独到之处。

杳杳巫峰十二，千古暮云深

柳永离开鄂州后，前往潭州（今湖南省长沙市）。路漫漫，自春至秋，柳永一直流连在迢迢水乡中。是沿途景色殊丽使他流连忘返，还是"以文会友"应接不暇呢？这段行程除了柳永写下的诗词外，没有明确的史料记载，我们姑且推断以上两种设想兼有。在前往潭州的途中，但见一路烟水茫茫、鸿雁南飞，孤寂的情绪又涌上心头，远方妻子那柔弱的病态浮现眼前，此时，他很想念梅姬。

楼锁轻烟，水横斜照，遥山半隐愁碧。片帆岸远，行客路杳，簇一天寒色。楚梅映雪数枝艳，报青春消息。年华梦促，音信断、声远飞鸿南北。

算伊别来无绪，翠消红减，双带长抛掷。但泪眼沉迷，看朱成碧。惹闲愁堆积。雨意云情，酒心花态，辜负高阳客。梦难极。和梦也、多时间隔。

柳永《倾杯乐·楼锁轻烟》

上阕写游子在行役途中所见,轻烟一样的暮色弥漫在高楼小巷之间,一抹斜阳照在江面上,远山的翠色隐约可见。岸远路遥,寒气袭人,游子此时的心情跟天气一样,就一个字——寒!"楚梅映雪数枝艳",读来有始料不及的转折之感,谓寒梅报春,尔等仍在行役途中。飞鸿还在南北间往来,为行人们传递信息,自己却收不到家人的书信。

下阕写思妇,写作角度从游子行役转向闺阁妇人对游子的思念。"算伊别来无绪"三句,即"为伊消得人憔悴"的翻版,"雨意云情"之句虽有艳词之嫌,但在露骨的男欢女爱之外仍然可见蕴含其中的深情。"梦难极。和梦也、多时间隔",将游子与闺人并进,设下一层意境,只有入梦二人才能相聚,将游子与思妇相互思念的真情写得深情动人。

游学会友与思念家乡是柳永三年游学历程中一个难以排遣的矛盾。虽然有时想念妻子到魂不守舍的地步,但他还是在江南一带流连到宋景德二年(1005年)仲春。直到这年秋天,他才到了潭州。

> 水乡天气,洒蒹葭、露结寒生早。客馆更堪秋杪。空阶下、木叶飘零,飒飒声干,狂风乱扫。黯无绪、人静酒初醒,天外征鸿,知送谁家归信,穿云悲叫。
>
> 蛩响幽窗,鼠窥寒砚,一点银缸闲照。梦枕频惊,愁衾半拥,万里归心悄悄。往事追思多少。赢得空使方寸挠。断不成眠,此夜厌厌,就中难晓。
>
> 柳永《倾杯·水乡天气》

江南水乡,清晨的露水凝结在芦苇上,使人感到渐生凉意。客居他乡旅舍,不堪暮秋孤清。带着啸声的西风无情吹过,在空无人迹的台阶下，落叶被疯狂的西风吹得飒飒作响。夜深人静时，酒意散去，人已醒，心神不定，黯然沮丧。耳听天边鸿雁的穿云悲鸣，不知这送信的使者又给谁家送去亲人的音讯。

蟋蟀在幽暗的窗下鸣叫，老鼠在寒凉的砚旁窥视，一灯如豆的蜡烛照着空空如也的房间。睡梦中频频惊起，不胜烦恼。"愁衾半拥"，形象地写出男主人公将被子半盖在身上，因想着万里之外的佳人而愁肠百结的模样。不管他怎样归心似箭，纠结往事，回忆也只带来了满心的乱，使他愈加孤独，不能入眠。

这是柳词中最常见的场景，或孤馆闲窗，长夜漫漫背灯洒泪；或朝云暮雨，怨良辰美景转瞬即逝。这首词反映的是前者。孤馆外，秋风萧瑟，落叶漫天飞舞，台阶下被秋风吹得凌乱不堪，空中征鸿声声悲鸣；馆内蛩响幽窗，饥鼠、残灯，更显寂寞孤寒。"梦枕"三句写梦醒难归，满腹忧思。"断不成眠"三句则断定自己又要度过一个不眠之夜。

长川波潋滟。楚乡淮岸迢递，一云烟汀雨过，芳草青如染。驱驱携书剑。当此好天好景，自觉多愁多病，行役心情厌。

望处旷野沉沉，暮云黯黯。行侵夜色，又是急桨投村店。认去程将近，舟子相呼，遥指渔灯一点。

柳永《安公子·长川波潋滟》

船行至楚乡，处处是水，一眼望去，淮岸遥远。沿途美景赏心悦目，一阵细雨过后，水雾笼罩着淮岸，大地升腾起袅袅雾气。春季"一云"雨后的草木最能体现春之灵动，芳草在水汽的滋润下，愈加青葱可人。在雨后清丽的景色中，词人携带书剑奔走辛劳，说不尽的行役之苦在这好天好景中似乎被放大了。他内心忧伤，异常疲惫，不由得对行旅生出厌恶。

夜色降临，极目远望，空旷的原野阒无人声，傍晚的云朵被浓黑的云晕环绕着，但他无暇顾及，因为又该加快步伐行舟投宿了。船靠岸后，在舟车劳顿之时，只听得船夫相呼，遥指渔船上的一点灯火。他顺着船夫手指的方向望去，远处有可供夜宿的渔船。此时，不知"驱驱携书剑"的词人是兴奋还是惆怅，是感到慰藉还是伤悲，也许兼而有之。令他兴奋和慰藉的是，漂流了一天终于有个落脚之处；失落和悲伤是因为"旷野沉沉"，哪能与京城的"暮宴朝欢""绮陌红楼"相比。个中滋味，独有词人自己知道，但他却有意不说透，营造出耐人寻味的氛围，让读者去品味。

关于这首词的写作时间有两种说法，一种认为这是出仕以后的作品，另一种认为是出仕以前的作品。观此词中的"又是急桨投村店。认去程将近，舟子相呼，遥指渔灯一点"可以推断，这是柳永出仕以前的作品。因为出仕以后每次外出，沿途都有邮亭、驿站可供投宿，不可能"急桨投村店"。此外，从词中"楚乡淮岸"也可以推知，这是柳永未出仕前远游归程中的作品。"楚乡淮岸迢递"，自"楚乡"向"淮岸"而行，北上取道汝州、颖盛府回归汴京。

冻云黯淡天气，扁舟一叶，乘兴离江渚。渡万壑千岩，越溪深处。怒涛渐息，樵风乍起，更闻商旅相呼。片帆高举。泛画鹢、翩翩过南浦。

望中酒旆闪闪，一簇烟村，数行霜树。残日下，渔人鸣榔归去。败荷零落，衰杨掩映，岸边两两三三，浣纱游女。避行客、含羞笑相语。

到此因念，绣阁轻抛，浪萍难驻。叹后约丁宁竟何据。惨离怀，空恨岁晚归期阻。凝泪眼、杳杳神京路。断鸿声远长天暮。

柳永《夜半乐·冻云黯淡天气》

阴云笼罩着严冬的天空，一叶扁舟载着词人离开了沙洲江岸。越过无数深壑高岩，他们才悠悠划入越溪深处的水湾。眼看狂涛风浪将息，不料山风突然席卷而来，商贾旅客顿时大呼小叫。一片大帆高悬，航船有惊无险地驶过南岸。此时天公似酿雪，故而天色显得黯淡。"黯淡"的背景，反衬词人乘着一叶小舟驶离江渚时极高的兴致。一路上，词人始终兴致勃勃，游兴高昂，离江渚，过南浦，走过千山万水，恍若有"轻舟已过万重山"的快意。当他们来到热闹的江面上时，浪头逐渐平息，顺风刮起，来往商贾游客情不自禁地互相招呼。从"片帆高举"之句可以想象，词人正站在船头饱览两岸风光，怡然自得。

中阕主要是描述船上所见。船已过了南浦，放眼望去，酒旗在远处的烟雾中若隐若现地飘舞。夕阳残照暮鼓，渔人敲响船舷。塘中的荷花枯败零落，晚霞在杨柳的枝条间忽隐忽现。此时的岸边还有一道独特的风景，就是那些浣纱的姑娘，躲避着游客的目光，低着头、红着脸羞涩地嬉笑。岸上的酒帘在风中摇摆不定，隐约可见一处村落，其间还点缀着几排霜树。渔人敲击船舷的声音吸引了词人，循声望去，只见江面残照如血，"败荷"与"衰杨"零落萧条，但似乎还没有拨动词人的心弦。令他兴致高昂的是岸边的浣纱女，此处用了工笔画手法，细致入微地刻画浣纱女"避行客、含羞笑相语"的神态和举止。这些青春妙龄的浣纱女触动了词人埋在心底的那根神经，他猛然间想起了自己当年不计后果的轻率行为，使得现在成了羁旅之人。

下阕由景入情，抒发离乡的感慨。他猛地惊觉自己轻率地抛弃了家人，才导致如今像浮萍难寻立身之处。惨淡的离别情怀、岁暮归期受阻，又是一场徒然的叹息。泪眼凝望京都大道，万里长空的暮色中，只有阵阵孤雁声。现在浪迹他乡，他感到后悔和自责。"绣阁轻抛"两句用字讲究，将离家说成"抛"，并在"抛"前着一"轻"字，说明他当初的举动是多么草率，如今追悔莫及。最使他感到无奈的是后会难期，当年抛家出走时，妻子殷勤叮咛，约定归期，而今这个约定已成了一纸空约，难以兑现。岁暮逼近，却回不了家，空留遗憾；再叹京城汴梁山高路遥，不易到达，只能"凝泪眼"望家乡。望不见汴京，唯见寥廓长空，暮色苍茫，离群孤雁渐行渐远的鸣叫声传入耳中，平添满腔惆怅。结尾几句的景色描写，意境浑厚，"断鸿"句明显具有双重寓意，一寓景物中的主观感受，二寓身处异乡的离愁和羁旅的苦况。

这首《夜半乐·冻云黯淡天气》是柳永用旧曲创制的新作品。全词分为三阕，前两阕写景，上阕叙述行舟经历，沿途"千岩竞秀，万壑争流"，感情从容不迫；中阕描写舟中见闻，舒缓有致，津津乐道，由自然现象转到社会人事，铺排有序；下阕写情，由前两阕的景自然引出下阕的情，情感似汪洋恣肆，一发不可收拾，笔触急促，围绕"别易会难"反复抒写。三阕上下承接，转承自然，是一篇错落有致、大开大阖的长调，很能体现柳词长调的突出特点。

宋景德二年（1005年）秋冬，经历了三年游学的柳永终于回到汴京。当他踏进家门，迎接他的不是那个如花似玉的娇妻，夫妻相拥、喜极而泣的场面也难呈现。在外游荡了三年，乍见病得骨瘦如柴的妻子，他有些不知所措。梅姬已不是"柳腰花态娇无力"，而是久病卧床的憔悴模样。柳永不由得悔恨交加，捶胸顿足，哭了好一阵子，他的花心在那一刻收敛得干干净净。

柳永与妻子的缘分共维持了七年光景。在这七年中，柳永外出游学三年，实际耳鬓厮磨只有四年，而这四年中，两人磕磕绊绊，多有不愉快，真正如胶似漆恐怕只有一两年。柳永希望妻子的病情能好转，两人恩恩爱爱地度过一生时光。只是天意不从，不可避免的那一刻还是来了。一天夜里，柳永发现妻子黛眉微蹙，欲言又止，在弥留之际，仍然没有对柳永说出什么话来。她在浅睡中目合而睫毛不交、唇似闭而贝齿微露的模样，对柳永几乎是毁灭性的打击，使他背负了一辈子的情债。

宋景德二年（1005年）十一月间，在开封府祥府县一处空地上，出现了一块新墓，这就是柳永妻子的下葬之处。下葬那天，阴云密布，寒风毫不留情地狂扫大地，万物萧瑟，封土新隆，纸灰飘坠……一切都让柳永心中的愁绪更加难以排遣。

花谢水流倏忽，嗟年少光阴。有天然、蕙质兰心。美韶容、何啻值千金。便因甚、翠弱红衰，缠绵香体，都不胜任。算神仙、五色灵丹无验，中路委瓶簪①。

人悄悄，夜沉沉。闭香闺、永弃鸳衾。想娇魂媚魄非远。纵洪都方士②也难寻。最苦是、好景良天，尊前歌笑，空想遗音。望断处、杳杳巫峰十二，千古暮云深。

柳永《离别难·花谢水流倏忽》

少年光阴如落花流水，转瞬即逝。她那高雅芳洁的天赋举世无双，她那美丽的容颜何止值千金。到底是什么缘由，使她"翠弱红衰"，身体每况愈下？料想即使服用神仙的灵丹妙药，恐怕也回天乏术，最后只能是瓶沉簪折、两情分离。

---

① 中路委瓶簪：出自唐代诗人白居易《井底引银瓶》，"井底引银瓶，银瓶欲上丝绳绝。石上磨玉簪，玉簪欲成中央折。瓶沉簪折知奈何？似妾今朝与君别"。

② 洪都方士：出自《宋史·杨妃外传》，"方士杨幽通自云有李少君之术，上皇（唐玄宗）命致贵妃福昌，出天界，没地府，求之不见"。

人亡闺空，哀感无尽，夜深沉，内室关闭，永断前缘。料想她娇媚的魂魄尚未远离，但即便是洪都方士也难以寻回了。最痛苦的是，佳人已去，空留余音。极目望断遥远的巫山十二峰，也难以找寻她的身影。

这首词上阕铺叙，下阕抒情，缠绵悱恻，哀婉不尽。佳人已逝，给柳永留下深沉的悲哀。柳永时时想起亡妻的种种好处，曾经"愿奶奶、兰心蕙性"，希望妻子改掉那刁蛮任性的心性；现在"尊前歌笑，空想遗音"，就是想再和她吵闹、拌嘴都成了一种奢望，更别说那些山盟海誓，"中路委瓶簪"，一切成空。

柳永的一生，红颜知己无数，但妻子梅姬却是第一个将全部身心完全托付于他的女人。梅姬于及笄之年就走进他的生活，两人那些亲昵无间的缠绵、相依相偎的甜蜜，甚至抵牾、埋怨都随伊人远去，只剩下笑靥如花的回忆。每当夜深人静之时，独卧鸳被之下的柳永总是感觉妻子的娇魂并没有走远，但他又不能真实地触摸到那个使他心动的躯体，煎熬常常使他彻夜难眠。

柳永的妻子去世后，媒人积极登门，介绍别家女子，父母也催促他再娶。但柳永一时放不下，执意要等到过了亡妻周年再做打算。宋景德三年（1006年）底，亡妻周年后，在父母的张罗下，一个天生丽质的佳人走进了柳永的生活，这是父母给他续弦的妻子，芳名秋芸。从一些史料来看，柳永与第二任妻子育有一个儿子，名柳涚，字温之，宋庆历六年（1046年）贾黯榜进士，官至大理寺丞。

第三章

忍把浮名，换了浅斟低唱

自梅姬去世后，柳永与烟花女子的交往更加频繁起来。与当时的众多创作者不同，柳永更倾向于站在平等的立场上，尊重这些女子的人格，同情她们的遭遇，将她们的情爱、情愁、情怨以词的形式展现出来。这些鲜活的词作在民间口耳相传，但也成为柳永科举入仕道路上一块不小的绊脚石。

小楼深巷狂游遍

北宋时期,汴京人口稠密,商贾云集,一派盛世景象。有了繁荣经济的推波助澜,汴京城内外"花阵酒池,香山药海,别有幽坊冷巷、燕馆歌楼,举之万数,不欲陷繁碎"。有人统计,《东京梦华录》中有十九处提到东京城内外的青楼妓馆。在宋朝时,大多数歌伎主要为客人提供音乐、歌舞、曲艺等服务。宋代吴自牧在笔记《梦粱录》中写道:"(临安)诸酒库设法卖酒,官妓及私各妓女数内,拣择上中甲者,委有娉婷秀媚,桃脸缨唇,玉指纤纤,秋波滴溜,歌喉婉转,道得字真韵正,令人侧耳听之不厌。"

据宋人笔记《醉翁谈录》载,东京歌伎等级明确。上等歌伎"其曲中居处,皆堂宇宽静,各有三四厅事,前后多植花卉,或有怪石盆池,左经右史,小室垂帘,茵塌帷幌之类",歌伎"多能文辞,善谈吐,亦评品人物,应对有度"。当时出入这种场合的富家子弟或官员不少,尤其是新科进士及膏粱子弟,"仆马繁多,宴游崇侈"。次等歌伎"丝竹管弦,艳歌妙舞,咸精其能",常应邀到大富人家的宴席或京城高级勾肆中献艺，也有男子到这种场合，"求欢之者，皆五陵年少及豪贵子弟，就中有妖艳入眼者，俟散，访其家而宴集焉"。

北宋以来，娱乐业繁盛，成为引人注目的社会现象。其间造就了两个著名的妓女，一个是梁红玉，另一个是李师师。前者乃南宋抗金名将韩世忠明媒正娶的妻子。韩世忠在处理官场事务时由于有"高参垂帘"，政治敏感度要老辣得多，所以世人说韩世忠能取得成就有一半的功劳应归于梁红玉。后者更是了得，成为一代风流皇帝宋徽宗的情人。才艺俱佳的李师师俘获了大宋王朝的才子皇帝，宋徽宗的审美情趣不低，除了在文学上颇有天赋外，在书法和绘画方面也有很高的造诣，两人堪称郎才女貌。唐宋以来，很多有名气的文人都有出入青楼的经历，比如欧阳修、苏轼、秦观等，他们写下大量词作反映当时妓女的生存状态，表达对她们的同情。但为青楼女子"奉旨填词"，独具匠心地开创了市井文化并取得巨大成就的，唯柳永一人。

回到汴京的柳永，在承受了丧妻之痛后，沉浸在汴京城的灯红酒绿中不能自拔。柳永刚入冠年，但出入青楼已有几年。柳永喜欢青楼这样的场所，那些才艺俱佳的歌伎很能满足他的某种精神需求。作为一个英俊小生，柳永在妻子红颜早逝后重返烟花柳巷。他既会吟诗作赋，又通琴棋书画，每每和歌伎缠绵情浓之时，总会词兴大发，为歌伎们写下一首首词。在柳永眼中，这些沦落风尘的歌伎和正常人一样，也有精神追求，有对美好生活的向往。

才过笄年，初绾云鬟，便学歌舞。席上尊前，王孙随分相许。算等闲、酬一笑，使千金慵觑。常只恐、容易蓦华偷换，光阴虚度。

已受君恩顾，好与花为主。万里丹霄，何妨携手同归去。永弃却、烟花伴侣。免教人见妾,朝云暮雨。

柳永《迷仙引·才过笄年》

这是一个初入青楼的女子的自述。女子才满十五岁,刚刚开始梳绾发髻时,就开始学习歌舞。十五岁,正是大好的青春年华,然而她出身青楼,身不由己,不得不开始学习歌舞。她学习歌舞不为别的,为的是在宴席上酒杯前奉迎王孙公子。很多王孙贵族不惜一掷千金,只为博取佳人一笑。"席上尊前"两句表面上看似写富门大户、纨绔子弟财大气粗,但从后面两句"算等闲、酬一笑,使千金慵觑"中的"慵觑"二字来看,这是一个与众不同的歌伎,若是为博一笑,纵然给千金她也不屑看上一眼。"慵觑"二字对那些潇洒风流的王孙贵族来说是一个讽刺,他们想用金钱来讨好美人,但美人另有想法,钱财并非她想要的。前面写她不在乎金钱,后文承接写出只有一事让她常感恐惧,那就是害怕韶华易逝,青春年华虚度。身陷青楼的她很清楚烟花女子命薄如纸,即使再多的钱也无法挽回她们日渐消逝的青春。从"虚度"二字可以看出,她对歌伎生涯是多么无奈和厌倦。

烟花女子从良只有一条路,那就是有机会赎身,所以她日夜盼望能有一个男子不嫌弃她的身份,带她从良。她想象有一天"已受君恩顾,好与花为主"。女子想象倾心的男子对她有情有义,发自内心地爱怜她,为她做主,带她脱离苦海。她直接大方地表达出想与意中人幸福生活的强烈愿望,碧空万里无云,何不牵手同游,永远告别烟花之地。她从前是风尘女子,但现在与意中人喜结良缘,她会永远忘记过去,尽弃在风尘中所接触过的人,安心从良,相夫教子。她不愿意让那些旧人认出她,又来纠缠她。她向意中人表白,感情炽热,言辞恳切,是真心想要从良、安心过新生活。她很不愿意被过去的轻薄之人看见,她要与那种朝云暮雨的生活做个了断。

　　这位青楼女子对幸福生活的强烈渴望,让柳永感动。那具有浪漫主义色彩的想象,在那个年代恐怕只能存在于她的幻想中而不可能实现,她的感情越是强烈,越是反衬出希望渺茫。艾治平在著作《婉约词派的流变》中分析:"这是一位'已受君恩顾'的妓女的内心独白。对'席上尊前'歌舞宴乐生活的厌倦,对'随分相许'的王子王孙的轻薄感情,她发出无奈的倾诉;对'好与花为主'的'君',对真挚的爱情生活,这位'才过笄年,初绾云鬟,便学歌舞'的少女,有多么坦诚的衷情和执着的追求!这里先是温情脉脉,如怨、如慕、如泣、如诉;接着由抑而扬,她的憧憬多么美丽,多么崇高,'万里丹霄',海阔天空,那是自由世界、人间乐园。'永弃却'三字为之一振,憾人心腑,可见这是一个多么令人再也不能忍受下去的地方!正是晏殊、苏轼不屑为伍的柳永,自觉或不自觉地为她们'代言',喊出了她们的'心声'。"

　　烟花之地历来令古代文人墨客流连忘返,以青楼女子为主角的词作并不鲜见,但很少有人像柳永那样以平等的人权思想去尊重她们,并且以平等的心态发掘并赞美她们的外表与内心之美。把生活在社会底层的歌伎那真、善、美的心灵写进词里,唯柳永是敢为天下第一人也。当代词学名家唐圭璋先生与潘君昭合写的论文《论柳永词》中曾提及这部分内容:"柳永词还有一部分是写歌伎以及他和歌伎的情意……如《迷仙引》写妙龄歌伎的厌倦风尘:'已受君恩顾,好与花为主。万里丹霄,何妨携手同归去。永弃却、烟花伴侣。免教人见妾,朝云暮雨。'这使人联想到在杂剧《救风尘》中,作者关汉卿对受凌辱的妓女渴望跳出火坑获得自由的同情态度。"

　　《迷仙引·才过笄年》在词境的开拓上有重要贡献。上阕用虚笔,回忆刚过笄年的往事,表露出女子对声色生活的厌倦;下阕写实，诉说她愿脱离苦海、追求新生活的渴望。全词情感真挚动人，生动地描写了一位身陷污泥而心地高洁的妙龄少女，体现出词人对她的深切同情。

才高八斗的柳永是秦楼楚馆的常客，被那些歌舞美人视为贵宾。她们对他暗许芳心，而柳永也来者不拒，乐得依红偎翠。汴京城内的大小歌馆，他人过留名，与京城那些名妓花魁都交往密切。柳永很了解不同的红粉佳人身上具有的不同特质，他分别以不同的词来表达个人的独特感受。据野史记载，柳永与京城好几个歌伎关系密切，仅在柳词中出现的名字就有虫娘、英英、心娘、佳娘、酥娘等。

心娘自小能歌舞。举意动容皆济楚。解教天上念奴羞，不怕掌中飞燕妒。

玲珑绣扇花藏语。宛转香裀云衬步。王孙若拟赠千金，只在画楼东畔住。

柳永《木兰花·心娘自小能歌舞》

心娘从小就能歌善舞，举止仪容无不是洁净可人，叫天上的歌女自愧弗如，也不怕掌上舞的赵飞燕妒忌。她宛转的莺语仿佛隐在那开满小花的绣扇背后，像轻风一样旋转的舞步如云衬于香裀之上。豪门子弟欲以千金相赠，也只能住在画楼东畔的客房里等候。

佳娘捧板花钿簇。唱出新声群艳伏。金鹅扇掩调累累，文杏梁高尘簌簌。

鸾吟凤啸清相续。管烈弦焦争可逐。何当夜召入连昌，飞上九天歌一曲。

柳永《木兰花·佳娘捧板花钿簇》

才艺出众的佳娘手捧牙板,头戴钿簌,口唱新曲,技压群芳。金鹅扇掩樱口,余音袅袅,绕梁三匝,梁上微尘也簌簌落下。佳娘的歌声如鸾凤和鸣,又有丝竹管弦相伴,争美斗胜。这般出众的歌者当夜被召入连昌宫中,好似飞上九天去献歌一曲。

酥娘一掬腰肢袅。回雪萦尘皆尽妙。几多狎客看无厌,一辈舞童功不到。

星眸顾拍精神峭,罗袖迎风身段小。而今长大懒婆娑,只要千金酬一笑。

柳永《木兰花·酥娘一掬腰肢袅》

酥娘腰肢娇细,身体轻盈,轻尘萦绕,皆是妙也。很多狎客对她百看不厌,即使练一辈子舞也达不到这个境界。酥娘起舞时,顾盼流转间气质非凡。她身着宽大的衣裙翩翩起舞,更显身段娇小玲珑。碰到这样好身段的女子,王侯公子们情愿豪掷千金,博她一笑。

北宋时期的都城开封,"出朱雀门东壁。亦人家。东去大街麦秸巷、状元楼,余皆妓馆,至保康门街。其御街东朱雀门外,西通新门瓦子。以南杀猪巷,亦妓馆。以南东西两教坊,余皆居民,或茶坊。"从《东京梦华录》的记载来看,这一带烟花巷里,浓妆艳抹的女子众多。但在众多歌伎中,有一位在柳永的脑海中挥之不去,她就是虫娘。

虫娘举措皆温润。每到婆娑偏恃俊。香檀敲缓玉纤迟,画鼓声催莲步紧。

贪得顾盼夸风韵。往往曲终情未尽。坐中年少暗销魂,争问青鸾家远近。

柳永《木兰花·虫娘举措皆温润》

虫娘温润如水，起舞时分，举手投足最能摄人心魄，略带骄傲又俊俏无比。她玉手缓敲檀板，莲步紧随鼓点，顾盼生姿，风韵迷人。一曲终了，余韵连绵不绝。酒筵上的少年早已着迷，神魂颠倒，不能自已，和席上其他公子争先恐后地追问佳人家住哪里。

细心的读者不难发现，那个少年应该就是柳永本人，虫娘是青楼众女子中真正打动了柳永的人。两人有一段刻骨铭心的相恋，保持了很长时间，坊间传闻这是与柳永感情最深的一个风尘女子。柳永与许多青楼女子关系密切，多是为了填词讨润笔费，但也有个别女子如师师、香香、安安，尤其是虫娘，堪称才子和红颜知己的关系。柳永后来在外地写思念红颜知己的词也大多是为虫娘而写。

小楼深巷狂游遍，罗绮成丛。就中堪人属意，最是虫虫。有画难描雅态，无花可比芳容。几回饮散良宵永，鸳衾暖、凤枕香浓。算得人间天上，唯有两心同。

近来云雨忽西东。烦恼损情悰。纵然偷期暗会，长是匆匆。争似和鸣偕老，免教敛翠啼红。眼前时、暂疏欢宴，盟言在、更莫忡忡。待作真个宅院，方信有初终。

柳永《集贤宾·小楼深巷狂游遍》

上阕主要写昔日与虫娘卿卿我我的恩爱时光，柳永坦率地承认对虫娘的真情实意。"小楼深巷狂游遍"四句，开诚布公地宣称能俘获他的心的人只有虫娘。这里所说的"小楼深巷"，并非寻常百姓的居住之地，而是指平康坊曲之所，就是歌伎们的聚居之地。纵情游遍深巷小楼，身着罗绮、浓妆艳抹的歌伎不计其数，其中最使他一见倾心的，唯有虫娘。即使高明的丹青妙手也难绘出她的高雅情态，无论多少鲜艳的花朵也比不过她娇丽的容颜。在众多莺莺燕燕中，虫娘以与众不同的气质征服了柳永。他独爱虫娘，对这位温柔多情、才艺俱佳的女子赞不绝口。虽然烟花柳巷中的美貌者众多，但像虫娘那样独具蕙质兰心的却很少见。"最是虫虫"，在这里用了一个"最"字来突出虫娘在他心目中的特殊地位。古代有很多女子因为种种原因沦为青楼歌伎，但这个群体也在不断提高自身素质，自唐宋以来，有些歌伎不光是歌舞技艺精妙，还有一定的文化素养，能吟诗作对。柳永之所以欣赏虫娘是因为她的雅态，她"心性温柔，品流详雅，不称在风尘"。歌伎虽然没有人身自由，但她们的感情是可以自由支配的，这一点谁也夺不去。柳永对她们抱着真诚的同情和理解，尊重她们，因而能获得其真情，并引为知己。"几回饮散良宵永"两句，写出了他与虫娘共度良宵的情景，多少次酒宴后的良宵都与虫娘共度，他忘不掉那留有余温的鸳鸯锦被和香浓的枕头，仿佛天上人间，只有他与虫娘的真情。这段真诚的表白，颇有"在天愿作比翼鸟，在地愿为连理枝"的意味。

下阕表达了词人复杂的内心情感。"云雨忽西东"说明他们的爱情有了波折，总是忽然分离，烦恼中纠结着伤情。从"烦恼损情悰"的话来看，感情出现波折的原因多半是由虫娘的哀怨引起的。纵然偷情幽会时十分甜蜜，却总是短暂匆忙。与虫娘"偷期暗会，长是匆匆"，是比较恼火的事，但此时困在京都的柳永已经失去了经济来源，手头拮据，不能再在歌舞场中千金买笑，他与虫娘只能偷偷地约会，而且来去匆匆，这当然叫他心里很难受。他不禁问自己：不忍看你每次相会时那蛾眉紧蹙、啼哭忧伤的模样，如何才能像夫妻那样琴瑟和谐，相偕到老？这两句暗示他们的爱情是一枚苦果，不幸的原因在于当时的社会制度，很可能是因为娼家严禁虫娘与这位落魄词人交往，因为柳永当时已是囊中羞涩。但他不甘心与虫娘就此断绝关系，对于虫娘的终身，他是有长远打算的，他要将虫娘娶进门，与她长相厮守。他安慰虫娘：眼前只是暂时的疏离，我们有山盟海誓为凭，不必忧愁。等到我娶你入门的那天，方知我们的爱情地老天荒，有始有终。

　　在这首委婉曲折的词中，真实地再现了柳永的心路历程。从这首词中可以看出，柳永对虫娘一片真挚感情。他不论门第，尊重个人自由，真心地爱着被侮辱、被伤害的歌伎虫娘，表现了柳永人权平等的可贵思想。虫娘是在柳永落魄时与他相爱的，所谓患难见真情，柳永决心当他一举成名时，首先要报答虫娘的深情，而娶她就是一个再庄严不过的承诺了。在这首《集贤宾·小楼深巷狂游遍》中，柳永以词代书向虫娘表达了真情，并信誓旦旦地向虫娘许下庄重承诺。尽管柳永进入仕途后，由于种种原因终未实现当初的承诺，但在当时，柳永能够白纸黑字地大胆向虫娘示爱，实属难能可贵。

忍把浮名，换了浅斟低唱

北宋初期，科举考试的时间比较随意，柳永因以文会友，错过了宋景德二年（1005 年）的春闱。宋景德四年（1007 年）三四月间，柳永得知秋闱的消息，这是博取功名的一道门槛，只有跨进这道门槛，才可能进入仕途。柳永对这次秋闱自信满满，此时的他已是汴京城内名声在外的才子，他写的词经由那些歌伎演唱，早已红遍了汴京城的大街小巷。年少轻狂的柳永不由得飘飘然，在他看来，考取进士不过囊中取物。一天，他与虫虫把酒言欢，写下一首《长寿乐·尤红殢翠》。

尤红殢翠。近日来、陡把狂心牵系。罗绮丛中，笙歌宴上，有个人人可意。解严妆巧笑，取次言谈成娇媚。知几度、密约秦楼尽醉。仍携手，眷恋香衾绣被。

情渐美。算好把、夕雨朝云相继。便是仙禁春深，御炉香袅，临轩亲试。对天颜咫尺，定然魁甲登高第。待恁时、等着回来贺喜。

好生地。剩与我儿利市。

柳永《长寿乐·尤红殢翠》

近日来和佳人缠绵亲昵,陡然间拴住了那放荡念头。在万花丛中,在歌舞酒宴上认识了如意佳人。她打扮得体,巧笑倩兮,美目盼兮,不经意间都显得无比娇媚。有多少次与她在秦楼中密约,饮酒作乐,即使酩酊大醉时也手拉着手,双双在香衾绣被中销魂沉醉。

美妙的夕雨朝云之欢正在发生。就在这春意阑珊的宫廷禁苑里,御用香炉烟雾袅袅,皇帝要亲自在御前殿上测试选取进士。如此这般与皇帝面对面,我定能高中,夺取状元。待那时,等着我回来向我贺喜吧!我将把这些好运统统赠给爱人。

这是柳永对自己锦绣前程的期盼,只是这里有一个细节很煞风景。正与佳人行云雨之欢时,心里却咯噔一下,是什么原因阻止了两人的好事?是即将面对的科举殿试吗?柳永有足够的信心面对科场,殿试对他来说没什么压力。那会是什么呢?只有一个解释可以说得通,那就是对爱情与功名两全其美的期望。爱情与功名孰重孰轻,从词中可以明显看出,柳永更倾向于功名第一,有了功名,后面自然水到渠成,等他夺魁回来,"好生地。剩与我儿利市"。

天有不测风云,在宋景德四年(1007年)的秋闱科考中,柳永名落孙山,这使在词坛得意数年的柳永无法接受。他在失望中带着怨气写下一首后来给他招致厄运的《鹤冲天·黄金榜上》。

黄金榜上。偶失龙头望。明代暂遗贤,如何向。未遂风云便,争不恣游狂荡。何需论得丧。才子词人,自是白衣卿相。

烟花巷陌,依约丹青屏障。幸有意中人,堪寻访。且恁偎红倚翠,风流事、平生畅。青春都一饷。忍把浮名,换了浅斟低唱。

柳永《鹤冲天·黄金榜上》

柳永狂傲的性格在这首词里暴露无遗。"黄金榜上。偶失龙头望"两句说明词人并不满足于进士及第,而是以夺取状元为目标,但不幸的是他落榜了,但他不以为意,认为在金字题名的榜上,名落孙山只不过是偶然失去得状元的机会。即使在政治清明的时代,君王也难免有失误,错失贤能之才。在这段话里,词人把落榜视作偶然,认为自己"暂遗贤",可见其多么自负。柳永的表态很有讽刺意味,即便号称清明盛世的宋真宗一朝也做不到"野无遗贤",词人要嘲讽的正是这个自相矛盾的社会现象。封建时代,士子寒窗十年的目标是有朝一日金榜题名,登上政治舞台,施展抱负。但这扇门对柳永关闭了,或者说是这次关闭了,今后还有机会打开。即使"未遂风云便",理想落了空,他也有办法补救,即把下功夫的力气用在别处。"争不恣游狂荡",今后的出路在哪里呢?既然仕途的机遇不垂青于他,为什么不能随心所欲地寻欢作乐呢!难道功名就那么值得患得患失吗?做一个风流才子为歌伎谱写辞章,就算是布衣平民,也要做其中的白衣卿相,不输于朝堂之上的公卿将相。他在这里明确了自己下一步的选择,要过那种自己喜欢的、一般封建士大夫所不齿的流连坊曲的狂荡生活。在歌伎居住的街巷里,绣房中摆放着丹青画屏。柳永直言自己很幸运,因为那里住着他的意中人,为了她,他愿意细细追求寻访。与她相依相偎,尽情享受风流安逸的生活,才是柳永平生最大的乐事。在他看来,青春不过须臾之间,宁愿舍了功名,也要换成手中浅浅的一杯酒和耳畔低回婉转的吟唱。

"偎红倚翠""浅斟低唱",词人把"狂荡"的内容写得有声有色,可以看出其中有恃才放旷的表现,他是在用这种负气的方式表示抗争。落第使他产生了一种逆反心理，他就以极端的方式求得心理平衡。他用一些让封建士大夫受不了的字眼，制造惊世骇俗的效果来保持心理上的优势。涉足"烟花巷陌"的人各有各的理由，但柳永绝不同于一般的"狎客"。其一，他是一个保持着自我清醒的文人，只是寄情于歌伎，而非沉湎于酒色，这一点有他后来登第为官的事实为证；其二，他在"狂荡"之中仍然保持着严肃的一面，狂荡以傲世，严肃以自律，说到底他是一个"才子词人"。清代陈廷焯在词学专著《白雨斋词话》中态度鲜明地指出："耆卿'忍把浮名，换了浅斟低唱'，荒谩语耳，何足为韵事？"

这首词真切地表述了词人落第以后的思想活动和心理状态。"何需论得丧。才子词人，自是白衣卿相"，这是柳永对牢骚满腹的发泄。这些话实际上已经包含了自相矛盾的成分，倘若再进一步，必然走向反面。"何需论得丧"，是柳永对落第后在得与失之间的认真掂量，那句"白衣卿相"的话里隐藏着忘不了朱紫显达的潜台词。词人写出了自己内心的矛盾，说明他对落第这件事虽然表现得很洒脱，但还是耿耿于怀。这件事带来的打击是沉重的，他为了摆脱这种苦恼进行了多么痛苦的挣扎。结语"青春都一饷。忍把浮名，换了浅斟低唱"，仔细品味，完全可以品出个中苦涩，青春短暂，不忍为了"浮名"而牺牲赏心乐事，然而，这也只是他一时的负气之言。

《鹤冲天·黄金榜上》是柳永落榜之后的一纸荒唐言，但在北宋产生了一石激起千层浪的社会效应。柳永鼓吹文人士者与统治者割席。他所提倡的与歌伎等下层人民接近的主张，表现出一定的思想进步性。词中既包含了词人对身世飘零的叹喟，又有对生活在社会底层的妓女们的理解和同情，还有蔑视功名、鄙薄卿相的倾向以及消极反抗的情绪，在当时具有一定的社会意义。

从艺术成就来看，这首词在构思、层次、结构及语言方面都有与其他柳词不同的地方。全篇采用质朴的语言，绝少用典，率直而无必达之隐、无难显之情。上阕叙述落第后的失意、不满和恃才傲物，下阕叙写词人放浪形骸、流连风月，在韵律上很接近民间曲子，恰当地保留了当时流行的一些口语方言。全词自然流畅，读来朗朗上口。

在科举之路上初试落第，年少轻狂的柳永在词中高傲地宣称"忍把浮名，换了浅斟低唱"。刚一传出，就成了流传于世的名句，但这种轻狂却得罪了宋真宗赵恒。以至于在宋真宗一朝，柳永三次落榜。

赵恒是宋太宗的第三子，生在开封府第，幼时英睿，与诸王嬉戏时，喜欢舞刀弄枪，做军事游戏，自称"元帅"。宋太祖很喜爱他，将他养在宫中。宋至道元年（995年），赵恒被立为太子。他不是宋太宗的长子，本来轮不到他入主东宫，但长兄赵元佐因同情叔父赵廷美之死而发疯、被贬为庶人，二哥赵元僖无疾暴死，他才有了太子的名分。作为皇太子，赵恒非常尊重辅导自己的太子宾客李至、李沆，每次上殿都要先拜二位，迎来送往都要到宫门外的台阶下。宋至道三年（997年）三月，宋太宗崩于万岁殿。宋太宗驾崩后，太监王继恩和明德皇后李氏共同谋划宫廷政变，宰相吕端孤掌抗击，以一己之力挫败政变，于同月扶立赵恒继位，是为宋真宗。次年，改年号为"咸平"。

从现有史料记载看，赵恒在位时治理有方，北宋政治经济日益稳定。他有一个传诸后世的廉政理念，提倡文武百官首先要"鲠亮感言"，不避权贵；其次要具备较高的文化素养和从政实践经验。由于赵恒卓有成效的举措，他在位期间，国家日益强盛。赵恒爱好文学，擅长书法，所撰《励学篇》中有流传于世的谚语："书中自有黄金屋，书中自有颜如玉。"这位颇有文学修养的皇帝偏偏不喜欢柳永,他对柳词迎合市民趣味的缠绵和俚俗并不欣赏。正值宋真宗巩固政权之时,当然不能容忍靡靡之音,他挑选人才时,"读非圣之书,及属辞浮糜者,皆言谴之"。柳永很不走运,虽才华横溢,却生在错误的年代。

《鹤冲天·黄金榜上》使柳永名声大振,一时赢得众多落第文人的喝彩。他在词中毫无城府地抒发了一腔怨气,倒是痛快了,后果却很严重。他让皇帝一时不痛快,皇帝可以让他一世不痛快。柳永左右不逢源,没有谁愿意扶持这个跟皇帝对着干的年轻人。"才子词人,自是白衣卿相",既然皇帝叫他填词,柳永索性就以填词为业,"由是不得志,日与环子纵游娼馆酒楼间,无复检约"。柳永转身投入烟花柳巷,从此在秦楼楚馆中周旋了一辈子。

坊间传闻,一日柳永正从丰乐楼门前经过,忽听得耳边传来娇滴滴的声音:"楼下可是柳七官人?"柳永抬头一看,说话者正是歌女陈师师。据传陈师师是京城中最艳冶的青楼女子,俏而聪敏,酷爱填词,与柳永交往甚密。柳永上楼后,师师嗔道:"你这是要去哪里呀,路过门口也不进来坐坐。你现在手头缺钱吗?柳七官人若是不嫌弃,我可以帮你。这些天,为了等你,我的房间也空着,人也懒懒的。怎么样,既然见了面,就为我填一首吧?"柳永既惊喜又尴尬,叹一声:"唉,过去的事情莫提了,今日既然事有凑巧,就为你填一首吧。"他走进陈师师的房间,正欲下笔,忽然听得门外有脚步声传来,有人上楼了,他急忙将拿在手上的花笺揣进怀中。定睛一看,来人是歌女刘香香。刘香香也曾资助过柳永,听说柳七官人来了,急忙跑来凑热闹。她撒娇也要柳永填一首,柳永拿出花笺正要下笔,又一位闯了进来,是歌女钱安安。只见安安嫣然一笑,问道:"柳七官人莫非又要填词吗?"柳永说:"我正为你二位姐姐所苦,令我填词。"安安说:"幸好我赶得巧,柳七官人今日赏光,也为我填一首吧。"

柳永欣然应允，笔下生花，怎奈第一句"师师生得艳冶"就惹得香香和安安醋意大发。二人走上前去伸手要撕柳永手上的花笺，柳永急忙写下第二句"香香于我多情"。这次只有安安不乐意了，嗔道："无我矣!"遂扯纸愤然欲去。"安安那更久比和，四个打成一个。"柳永再写第三句，接下来词曰，"幸自仓皇未款，新词写处多磨，几回扯了又重揍，三女中间着我。"最后一句表明了柳永与青楼女子关系之密切。

柳永缱绻于青楼妓馆，填写的词一经歌伎演唱后，立刻赢得满堂喝彩，口耳相传。在百花争艳之地，柳永很受欢迎，很多歌伎争相与柳永相交，抢着要柳七官人填词。宋代叶梦得在其笔记《避暑生活》中对此事有详细记述："为举子时，多游狭邪，善为歌辞。教坊乐工每得新腔，必求永为辞，始行于世，于是声传一时。"

帝里疏散，数载酒萦花系，九陌狂游。良景对珍筵恼，佳人自有风流。劝琼瓯。绛唇启、歌发清幽。被举措、艺足才高，在处别得艳姬留。

浮名利，拟拚休。是非莫挂心头。富贵岂由人，时会高志须酬。莫闲愁。共绿蚁①、红粉相尤。向绣幄，醉倚芳姿睡，算除此外何求。

柳永《如鱼水·帝里疏散》

这是对柳永在汴京生活的写照，按照词意大致可分为三个层次。

---

① 绿蚁：出自唐代诗人白居易《问刘十九》一诗中的"绿蚁新醅酒，红泥小火炉"两句。绿蚁指新酿的酒，因为还没滤清，酒面浮起一层微绿的酒渣，泛起细如蚁的泡沫，故得此名。

"帝里疏散"三句为第一个层次,写他在汴京"酒萦花系"的生活,流连京城数年,闲散无聊,唯沉醉于美酒佳人。"数载酒萦花系"是实写,非调侃虚言,因为这几年柳永忙于往来酒馆坊曲,为歌伎填词讨润笔费。"良景对珍筵恼"四句为第二个层次,写他在京城的大道闹市中纵情游逛。他抵挡不住良辰美景、美味佳肴和绝色佳人的风韵撩拨。佳人朱唇微启,唱出优美的曲词,不停地向他敬劝美酒。这四句写词人在京都生活不受拘束,生活中不但有"酒萦花系",而且有"良景""珍筵",这还不够,于是"佳人"款款出场,为了助兴,"佳人"唱起清亮幽雅的歌来。"被举措"两句为第三个层次,写被歌伎环绕着的他"艺足才高",因而博得"艳姬"的格外青睐。

  名利于我如浮云,我将抛弃这些身外之物,是非莫要挂心头。这是柳永的自我宽慰之语。他虽然直言要无视名利、忘却是非,但他不可能放弃自己的天赋和才华。"富贵岂由人",富贵在天,岂能由人,时运一到,我的崇高志向一定会实现。这和唐代诗人李白"天生我材必有用,千金散去还复来"是一个调子。但柳永毕竟没有李白的狂放,他还缺乏底气,他选择的不是对酒狂饮的豪放,而是走向温柔乡中,在佳人陪伴下共享"绿蚁",醉后与她同往华丽的闺房中相拥而眠,除此之外,别无他求。

  其实,进入温柔乡的柳永也很无奈。有一个细节很重要,他曾反复掂量、琢磨过还有哪些活法,但算来算去是路路难通,就只有落到此处了。薛瑞生曾评价这首词:"前片叙其'帝里疏散'境况,后片出之议论,将其以醇酒美人解闷之心情写到十分。"

  这首词的创作年代暂无考证,从内容来推断,应该作于柳永初试落第之后,也就是作《鹤冲天·黄金榜上》之后不久。若将这首词与《鹤冲天·黄金榜上》相比,可以看出词人情绪的变化,与之前判若两人。在《鹤冲天·黄金榜上》,柳永把落第轻描淡写成"偶失龙头望",有"青春都一饷。忍把浮名,换了浅斟低唱"与"才子词人,自是白衣卿相"之说,是词人在失败中暂时解脱的自我解嘲。现在痛定思痛,词人的心态自然不可能那么淡定。在这首《如鱼水·帝里疏散》中,真实地反映了他的人生态度和心理变化。实际上他一生都没有放弃对功名的追求,但在遇挫之时,对他来说最佳的排遣方式就是流连舞榭歌台、坊曲妓馆,追求感官上的享受,以此来抚平那颗失落的心。

  这首词的思想内涵并不深奥,在构思布局方面也中规中矩,没有可圈可点之处。就语言艺术来说,"良辰对珍筵恼"与"时会高志须酬"两句分别用句中对,反而使全词的流畅之美大打折扣。再则,词中"举措""在处""拚休"等口语既生硬又无和谐之感,而"向绣幄,醉倚芳姿睡"又未免低俗。这首词的价值在于柳永毫不掩饰地把真实的自我剖析给世人,难得的是毫无矫揉造作之感,这也是他的可贵之处。柳永的性格、生活和思想在这首词中表露无遗,为后人了解他的思想提供了重要依据。

卜年无用考灵龟

宋景德元年（1004年），北方契丹大举进犯，势如破竹，一口气打到开封以北的澶州（治所在今河南省濮阳西南）。北宋王朝君臣惶惶不可终日，宋真宗差点要往南方逃跑，宰相王钦若主张迁都金陵（今江苏省南京市），被寇准阻止。寇准力主抗战，并请求宋真宗亲征，以稳定军心、民心，提振士气，抵御入侵外族。他说服宋真宗不要往南方迁都，如果皇帝也跑的话，"所在人心崩溃，契丹乘势深入，则天下不可保"。于是，宋真宗听取寇准的建议决定亲征。河北军民见皇帝与宰相亲临前线，抗战情绪高涨，"踊跃欢呼，声闻数十里。契丹相视惊愕，不能成列"。在澶渊之战中，宋真宗放权给寇准。由寇准全权指挥的宋军"号令明肃，士卒喜悦"，两军相接，契丹军被"斩获大半"，大将军萧挞凛也死于宋军的乱箭之下。如此有利的战况，宋军如能乘胜北上，可收复失地。但宋真宗"厌兵"，无心再打下去，他此次亲征并非自愿，而是在寇准的说服带"挟持"下才到前线的，投降派也在此时煽风点火，打击寇准。在流言蜚语满天飞的情况下，宋真宗同意与契丹言和，寇准只能被动地认可。随后，双方订立岁输"三十万"的"澶渊之盟"。平心而论，"澶渊之盟"本身并不值得称道，但这个带有屈辱性质的和约在客观上为北宋经济的发展提供了和平的保障，结束了宋辽之间长达二十五年的战争局面。此后两国边境"生育繁息，牛羊被野，戴白之人不识于戈"，北宋进入经济发展的繁荣时期。

然而，王钦若与宰相寇准如冰炭不可同器，"素与寇准不协"的王钦若嫉妒寇准，借"澶渊之盟"挑拨宋真宗与寇准的关系。他对宋真宗说："城下之盟，《春秋》耻之，澶渊之举，是城下之盟也。以万乘之贵而为城下之盟，其何耻如之！"他的谗言激怒了宋真宗，导致寇准被罢相。"澶渊之盟"终止了宋辽之战，使北宋得以休养生息，发展社会经济，宋真宗以此为莫大的成就，很是得意。王钦若的几句话一下子击溃了宋真宗的自信，他像斗败了的公鸡，从此怏怏不乐。王钦若乘隙怂恿宋真宗举行封禅大典，宋真宗欣然应允。

宋大中祥符七年（1014 年），与王钦若一起在枢密院共事的马知节当着宋真宗的面揭露王钦若的丑行，使王钦若一度被罢相。但王钦若能屈能伸，罢相之后仍合帝意。因为王钦若自年轻时便信奉道教，曾在当地有名的宜春湖岗寺和奉新华林书院读书，宋真宗也信奉道教，所以对王钦若青睐有加，王钦若罢相不久即官复原职。宋仁宗即位之初，耳闻王钦若的龌龊行径，在之后的君臣交往中也有所察觉，便对身边的辅臣说："钦若久在政府，观其所为，真奸邪也。"

宋真宗即位之初，任用李沆、吕蒙正等人为相，勤于政事，因而在他为政前期，天下富庶、财政清明，北宋进入经济繁荣时期，史称"咸平之治"。后来，宋真宗用人失误，任用王钦若、丁谓为相，二人常常以天书、符瑞之说蛊惑朝野。宋真宗在二人的鼓动下整日为封禅之事忙得不可开交。明代李贽批评道："堂堂君臣，为此魑魅魍魉之事，可笑，可叹。"宋真宗一天到晚不理朝政，广建宫观，劳民伤财，"一国君臣如病狂"。王钦若迎合宋真宗仙道需求，伪造天书，争献符瑞，封禅泰山，前后历时四十七天，国库费资巨大。宋真宗晚年时，"内之蓄藏，稍已空尽"。在宋大中祥符年间，宋真宗称他梦见神人赐"天书"于泰山，善于迎合帝意的王钦若心领神会，与宋真宗共同策划了"天书事件"。

宋大中祥符元年（1008年）正月初三，宋真宗一手策划的闹剧"天书事件"登场。这天，王钦若率群臣上殿早朝完毕，有司来报，说他在左承天门南面的鸱尾上发现一张黄色的帛书。宋真宗紧急召集群臣，在朝元殿拜迎并启封，众臣皆呼之为天书。宋真宗内心窃喜，乘机说出早就编好的故事："夜半时分，朕正要睡觉，忽然房内大放光芒，正在惊诧之时，一个神人出现。此人星冠绛袍，对朕说：'一月三日，应在正殿建黄箓道场，到时会降天书三篇，天机不可泄露。'悚然间，朕正要起身答话，神人忽然消失。朕赶紧把此事记了下来。从十二月一日起，朕疏食斋戒，在朝元殿建道场，整整一个月诚惶诚恐，终于盼来了天书。适才城隍司奏称在左承天门南发现有帛布悬于屋脊，即遣中使前去察看，回报帛布还包有类似天书的东西，隐约可见封口有字。这正是神人预言的天书啊！"宋真宗率文武百官步行到承天门，把所谓的"天书"迎奉到道场，当众开封。帛布上赫然写着："封受命。兴于宋，付于慎，居其器，守于正，世七查，九九定。"另外还有三幅黄色字条，内容大意是提醒赵恒以孝道承统，务以清净简俭，必致世祚长久等。

"天书事件"后，竞献赞颂者趋之若鹜，争先恐后地向宋真宗争奏祥瑞。于是，在北宋科举史上出现一个奇特现象，科考士子在正常的礼部考试外，还能通过献颂词的"旁门左道"另辟一条赐第的捷径。据李焘的《续资治通鉴长编》载,这种天下人心知肚明的赐第前后至少举行过四次。

柳永虽然性格桀骜不驯,但并不是一个天生的"愤青",他也曾对皇帝歌功颂德,希望取悦皇帝,以使自己仕途顺畅,但科举受挫使他失去了耐心。他没有忍辱负重的品质,反而牢骚满腹,导致一生仕途坎坷。但才子终究忘不了功名,柳永对落第之事耿耿于怀。他的科场失意始于宋真宗朝,对急于入仕而又屡次落第的柳永来说,那种焦灼的心情可想而知。"天书事件"引来一片对皇帝的歌功颂德,柳永怀着对宋真宗敢怒而不敢言的复杂心态,也献上一首《玉楼春·昭华夜醮连清曙》。

昭华夜醮连清曙。金殿霓旌笼瑞雾。九枝擎烛灿繁星①,百和焚香抽翠缕。

香罗荐地延真驭②。万乘凝旒听秘语③。卜年无用考灵龟,从此乾坤齐历数。

柳永《玉楼春·昭华夜醮连清曙》

上阕写夜醮场面,结构紧凑,气氛热烈。仙曲从夜里直到天明不断地鸣奏,皇帝诚心祈祷神仙降临。飘扬的五色旗环绕宫殿四周,象征吉祥的云雾缭绕宫殿。烛光犹如天上的繁星,璀璨夺目;香炉里冒着缕缕青烟,分外幽香。

下阕写天子亲临道场,迎候真君,洗耳恭听真君秘训。宫殿内

---

① 九枝擎烛灿繁星:出自《汉武帝内传》,"燔百和香,燃九微灯,以侍西王母"。
② 香罗荐地延真驭:出自《汉武帝内传》中"以紫罗荐地"一句。
③ 万乘凝旒听秘语:出自《汉武帝内传》,"帝乃盛服,立于陛下,敕端门之内,不得有妄窥者。内外寂谧,以候云驾"。

铺着散发着芳香的丝制地毯,虔诚敬请的神仙终于降临。皇帝屏息静气,聆听神仙传授仙家秘诀。灵龟占卜已经用不着了,从此以后王朝的昌盛定然天长地久。"凝旒"二字极其传神,把宋真宗对神仙毕恭毕敬的神态形容得惟妙惟肖。

史家评价这是一首谀词。在宋真宗与章献刘皇后执政的三十二年中,柳永屡试不中,直到宋仁宗执政,一试即中,个中原委大致跟柳永对宋真宗佞道多有微词相关。薛瑞生在《柳永词选》中评价这首词:"前六句全用叙述手法,将真宗佞道丑态展示无余。后两句出以议论,用反讽手法。"

柳永献上《玉楼春·昭华夜醮连清曙》这类谀词的意图不言自明,为了逢迎皇帝,他还献上一首《御街行·燔柴烟断星河曙》。

燔柴烟断星河曙。宝辇回天步。端门羽卫簇雕栏,六乐舜韶先举。鹤书飞下,鸡竿高耸,恩霈均寰寓。

赤霜袍烂飘香雾。喜色成春煦。九仪三事仰天颜,八彩旋生眉宇。椿龄无尽,萝图有庆,常作乾坤主。

柳永《御街行·燔柴烟断星河曙》

上阕起首"燔柴"两句写祭天前一天皇帝出京祭祀,然后起驾回宫。从"端门"句至上阕结束,写天子回京,大赦天下。将玉帛、牺牲搁至积柴之上,烟雾腾腾,直达于天。神圣的祭天仪式完成后,上腾的烟雾渐渐消失。天快亮了,亲自参加南郊之礼的皇帝乘辇回宫。天子的轻驾到宫门正殿时,仪仗列队奏乐迎接,他们簇拥在雕花栏杆两旁,吹奏的第一首曲子是六乐中的大韶乐。皇帝登座就位,宣布大赦天下,恩泽遍及四海。

下阕写群臣称贺,兼以祝寿。文武百官纷纷朝拜称贺天子,宣德楼里香雾缭绕,御楼上下,文武百官衣着华美,处处洋溢着喜悦的气氛,恰如春光和煦。端坐在御楼上的皇帝龙颜大悦,眉宇间流溢的喜气有八彩之色,如尧帝之眉。置身于如此祥瑞之地,愿天子万寿无疆,普天下的人齐声为您欢呼,愿您永远做乾坤之主。

这首词描写了宣德楼中大赦的情景,兼有为宋真宗祝寿之意。从词中"喜色成春煦"一句来看,此词应该写于春季,或者春之初。北宋时,在汴京南熏门外设有泰坛,用于祭祀昊天上帝,每三年一次,在冬至日举行,称为"南郊"。宋天禧元年(1017年),改在正月十一日举行。恰好宋天禧元年是宋真宗梦见神人告之"天书"降临的十周年,宋真宗六十岁,所以词中有"椿龄无尽,萝图有庆"的祝寿之语。

凡谀颂之辞,最大特点就是堆砌辞藻,华而不实,没有真情实意,柳永也没跳出藩篱。这首《御街行·燔柴烟断星河曙》在《全宋词》中有题名"圣寿",词中"八彩旋生眉宇。椿龄无尽,萝图有庆,常作乾坤主"是很肉麻的谀词。这首词在思想内容上没什么可圈可点之处,但在表现手法上展示了柳永长于铺陈、渲染气氛的特点。在他细腻婉转的叙述下,场面生动,历历在目。

写这首词时,柳永约三十岁。在这次南郊祭祀中,皇家也有献颂赐第之举,柳永献此颂词,自然是寄希望于赐第。虽然"献颂赐第"给柳永提供了一个机会,他以这两首词跻身于献颂行列,但并没有改变他的命运,他仍然是一个流连于烟花柳巷的落魄文人,靠给歌伎填词讨润笔费过活。

想初裛苔笺,旋挥翠管红窗畔

柳永平时除了士子学业外,常流连于烟花柳巷,乐此不疲地来往于歌伎酒馆。面对科考入仕,屡战屡败的柳永备感孤独,他需要红颜知己的慰藉,故而在依红偎翠中放纵。

坠髻慵梳,愁蛾懒画,心绪是事阑珊。觉新来憔悴,金缕衣宽。认得这疏狂意下,向人诮譬如闲。把芳容整顿,恁地轻孤,争忍心安。

依前过了旧约,甚当初赚我,偷剪云鬟。几时得归来,香阁深关。待伊要、尤云殢雨,缠绣衾、不与同欢。尽更深、款款问伊,今后更敢无端。

柳永《锦堂春·坠髻慵梳》

这是一首闺怨词,词中塑造了一位对情人又爱又恨的歌伎形象。"坠髻慵梳,愁蛾懒画"生动表现了这位女子的精神状态。无心梳理坠乱的发髻,蛾眉紧蹙也懒得描画。人们常说"女为悦己者容",但她为什么懒于梳理呢？从下面的词句中可以知道，这与"悦己者"有关。她如此消沉倦怠、心绪凌乱，是因为事事不遂。这还不算，在思念的煎熬中，她日渐憔悴消瘦，身上的金缕衣也变得宽了。

上阕"坠髻慵梳……金缕衣宽"简洁传神地描写出一个神情憔悴、心绪忧烦的女性形象。在写作手法上，沿袭了唐五代以来对懒美人的类型化描写方法。但这首词的精彩之处在于在适当的时候跳出了沿袭的篱笆，冲出了窠臼。接下来采用女子的内心独白，口语化地数落那个负心人：遇到你这个风流浪子，不知是喜是悲，如今已对我视若等闲。她在心里揣摩，那个轻狂的浪子肯定又在外面拈花惹草，和别的女人打情骂俏。"认得"二字表明她对这个负心汉的底细非常了解，他就是风流轻狂。难道她为了这样的人就把自己的大好年华都抛掉吗？当然不能！打起精神，修饰好美丽的容颜，为了薄情郎轻易辜负青春年华，心犹未甘。女子对自己的容颜很有信心，相信自己是个漂亮女人。"恁地轻孤，争忍心安"，这里有一个谋算的伏笔，她也是个"厉害角色"，要用自己的方式发泄一腔不平的怨恨。

下阕补叙浪子违约不归，骗取了她的忠贞，"依前过了旧约"，采用女子责备的口气数落男子：你又负约了，又像从前一样误了归期，既然如此，当初为何骗我给你信物，剪下一绺秀发相赠？"依前"说明他不是第一次不信守诺言。剪下一绺秀发是古代一种约定俗成的做法，男女分别时订立盟约，女子剪发以赠，意思是让男子见发如见人，此外还有一层神秘寓意，即以发丝缠住男人之心。女子现在非常恼怒男子爽约，盘算着等他回来时要好好地收拾他。第一，"几时得归来，香阁深关"，等到你哪天回来了，到时我要把你紧紧关在家门外；第二，"待伊要、尤云殢雨，缠绣衾、不与同欢"，等你想要和我巫山云雨时，我要紧裹鸳鸯绣被，不与你同床共枕；

第三,"尽更深、款款问伊,今后更敢无端",等到更鼓已深,我再来慢慢盘问你,今后还敢不敢耍无赖失约。这一大段独白都是女子充满希望的想象,反映出她对男子的爱恨交加,这也是全词最精彩的部分,如同上演了一出夫妻斗气的轻喜剧。就在这最精彩的时候,全词戛然而止,至于她的报复计划有没有实施,留待读者去想象。

柳永是一位具有浓厚市民意识的词人,由于他流连市井多年,他能真实地把握世俗的心理、趣味,他笔下的许多歌伎情词都是以世俗的口味来描写爱情故事,这首《锦堂春·坠髻慵梳》就是其中具有代表性的词作之一。在这首典型的俗词中,柳永塑造了一位泼辣、傲气、不拘礼法的市井女性,词中以代言体的方式,通过细腻的心理描写,使人物形象声情毕显,惟妙惟肖。

这首词的最大特点就是"俗",这恰恰又是最大的特色。柳永在处理这类风格的词时,拿捏火候的功夫炉火纯青,他有意用俗语写俗事,就是迎合"俗人"的口味。全词有情节,有细节,有故事,采用女主人公独白的方式,展现极其复杂的内心活动,以此来抓住读者。此词也很有语言特色,刻意用表现力强的市井俗语,浅显明白。

有美瑶卿能染翰。千里寄、小诗长简。想初襞苔笺,旋挥翠管红窗畔。渐玉箸、银钩满。

锦囊收,犀轴卷。常珍重、小斋吟玩。更宝若珠玑,置之怀袖时时看。似频见、千娇面。

柳永《凤衔杯·有美瑶卿能染翰》

柳永有不少咏妓的篇什,虽是逢场作戏,但其中也不乏感情真挚的词作。这首词是柳永写给一位歌伎的小词,词中表现对其翰墨才情的欣赏。柳永非常欣赏他的红颜知己瑶卿,这位美女除了能歌善舞,还具有一般歌伎所没有的才情。她能诗善文,书法绝佳。柳永远游吴越之时,她曾赠诗和长信给柳永,使柳永深受感动,倍加珍惜,时时展读,怀想其人。可以看出,她与柳永并非泛泛之交,而是交情很深的知己。

柳永以记叙的手法把他心仪的女子介绍给读者,这位女子能诗善文,爱好丹青,曾千里修书一封,还赠予一首小诗。柳永得到美人的书信之后不禁心驰神往,在赞美她的才华时不禁联想到她写信时的情态。阅罢这首小诗和长信,她那叠好淡绿笺纸准备写信的样子又生动地浮现在他的眼前。她坐在丹红的小轩窗边,挥动翠管,须臾功夫,信和小诗都写好了,笔体恰到好处,或字字隽秀,或墨姿飘逸。她写的是玉箸小篆,笔势灵动,字字珠玑。

他收到她的千里书信,如获至宝,用锦囊小心翼翼收藏起来,又用犀角的轴头装裱,无比珍视。他还常在书房里展示欣赏,爱不释手。睹物思人,每次看到她的书信,就像看到她那千娇百媚的容颜。

"书为心画,言为心声",从千里之外寄给柳永的"小诗长简",就是柳永与她展开心灵对话的绝佳媒介,故"小诗长简"是全词的一个重要道具。但遗憾的是,那个只闻其声、不见其人的"美瑶卿"始终没有正式露面,只在柳永对她的叙述中留下倩影。况且,不知是词人的疏忽还是有意为之,词中没有引用瑶卿的诗句,也没有详细地提到瑶卿其人的点点滴滴。所以,这位"美瑶卿"在读者的眼里只是一个朦胧的影子,在浩瀚的历史中忽隐忽现。

闲窗漏永,月冷霜华堕。悄悄下帘幕,残灯火。再三追往事,离魂乱、愁肠锁。无语沉吟坐。好天好景,未省展眉则个。

从前早是多成破。何况经岁月，相抛嚲。假使重相见，还得似、旧时么。悔恨无计那。迢迢良夜，自家只恁摧挫。

柳永《鹤冲天·闲窗漏永》

上阕描写一个凄清、冷寂的夜晚，女主人公寂寞的心情无以排遣；下阕写女主人公沉湎于往事的回忆以及长久不见的悲伤中，写尽了往事如烟、恋情不再、纵使相见也不相识的悲哀。全词展现了女主人公在漫漫长夜的孤寂中，拾起一段抛不开又提不起的感情经历，并以刹那间的感情体验消磨自己的生命过程，令人震撼。

闲置的窗户，更漏无休止的嘀嗒声不绝于耳，初冬的寒夜是那样幽冷，大地铺落了一层霜花。幽室寂静凄冷，长夜漫漫无际而残酷。轻轻地放下窗帘，眼看就要灯残熄灭，女主人公内心感到寂寞而烦乱。"再三追往事"两句很是动情，她的思想游离于身体之外，头脑中一片混乱，忧伤的心绪挽成解不开的结。那是以往的感情经历带给她的伤害，以至于她完全体会不到眉头舒展的欢喜与快乐。

"好天好景，未省展眉"是何原因？"从前早是多成破"三句直接把道理摆出来，回忆起初相识的时候，就已经料到二人相好不会有什么好结果，相处期间分分合合、摩擦不断又言归于好，经过这么长时间的相互躲避，还能相见如初吗？"何况经岁月，相抛嚲"的话说得耐人寻味，说明她明知没有好结果却偏要用暂时的爱情来麻醉自己。看来这段爱情经历给她留下的回味不少。这个用情很深的女子性情柔弱，做不到《诗经·卫风·氓》中的女主人公那样刚烈。明知这段关系将无疾而终，却还是心存一丝侥幸，她在那里小心翼翼地问，还认识她吗？这种怯生生的自言自语令人心碎。经过一番内心挣扎，她知道不可能有希望了，只能回到无可奈何中，悔恨却又无计可施。漫漫长夜，只能独自饱受折磨，欲爱不成，欲罢不能。

这首词中，男子和歌伎是一对带有悲剧色彩的组合，二人的孤独身世决定了他们对爱情的渴望和依赖，而这段感情又注定没有结果，这就是悲剧所在。因此，他们每一次邂逅都是在一场悲剧中苦苦挣扎，撕心裂肺。此词以白描式的写作手法，"细密而妥溜，明白而家常"（清·刘熙载《艺概》），以直线型的结构方式写景、状物、抒情，细致入微地刻画出人物复杂而微妙的心理，在长夜中思而不得的女子可以看作是柳永笔下又一个生动感人的歌伎形象。

平生自负,风流才调

宋天禧二年(1018年),赵祯被册立为皇太子。为求得国运兴隆,每年三月一日开始,便有君臣士庶游赏金明池的盛况。每年端午节,汴京都要举办一个隆重的节庆活动:金明池争标。金明池"在顺天门外街北,周围约九里三十步,池西直径七里许。入池门内南岸西去百许步,有面北临水殿,车驾临幸,观争标、赐宴于此"。三月的金明池畔莺飞燕舞,桃红柳绿,更有别出心裁之处是池内遍植莲藕。每逢阴雨连绵之夜,便有簌簌雨点打在荷叶上,不少人专门在雨夜到此欣赏雨点滴落在荷叶上的声音,故为一景,唤作"金池夜雨"。

据沈括《梦溪笔谈》记载:"金明池,北宋太平兴国元年开凿,池水引自金水河,旧址在开封城西。"宋太平兴国三年(978年)二月,宋太宗亲临工地视察凿池情况,赐名"金明池",自此,金明池成为皇家园苑。宋代宋敏求在《春明退朝录》中记载:"太宗于西郊凿金明池,中有台榭以阅水嬉。"由此可见,金明池的早期功能应该是作为水军的军事训练基地。由于各项设施逐步完善，其军事功能渐渐弱化，变为皇家的游乐场所，每年春季向平民百姓开放，"三月一日，州西顺天门外，开金明池、琼林苑，每日教习车驾上池仪范"（宋·孟元老《东京梦华录》）。是时，百姓倾城出动，园内游人摩肩接踵，游园活动热闹非凡。

端午节这天，柳永与友人来到顺天门外的金明池畔，写下一首《破阵乐·露花倒影》，赞美京城的繁华与国泰民安的景象。

露花倒影，烟芜蘸碧，灵沼波暖。金柳摇风树树，系彩舫龙舟遥岸。千步虹桥，参差雁齿，直趋水殿。绕金堤、曼衍鱼龙戏，簇娇春罗绮，喧天丝管。霁色荣光，望中似睹，蓬莱清浅。

时见。凤辇宸游，鸾觞禊饮①，临翠水、开镐宴。两两轻舠飞画楫，竞夺锦标霞烂。罄欢娱，歌鱼藻②，徘徊宛转。别有盈盈游女，各委明珠，争收翠羽，相将归远。渐觉云海沉沉，洞天日晚。

柳永《破阵乐·露花倒影》

在薄雾笼罩下，荷叶上滚动着晶莹剔透的露珠，池塘水面的荷花摇曳多姿，池水中倒映着带露的荷花，绿油油的青草挨着池中的碧水。暖风吹皱了金明池水，水波荡漾。垂柳迎风，远望宛如晃动着一片金黄。一不小心看见对岸系着的彩船，那是皇帝乘坐的龙舟。宛若长龙的虹桥，台阶高低排列如雁齿一般整齐，首尾相连一直延伸到水殿。柳树之堤旁，鱼儿聚拢嬉戏，又如闪电般散开。衣着华丽的美女在闹春的音乐声中，流连玩耍。晴空万里，沐浴在和煦阳光下的草木泛着耀眼的光泽；远远望去，清澈的金明池恍若唐代的

---

① 鸾觞禊饮：鸾觞，刻有龙鸟花纹的酒杯。禊饮，祓禊之后的饮宴。
② 鱼藻：《诗经·小雅》中歌颂武王的诗篇。

蓬莱池。

偶尔遇见皇帝出游,在清莹的池水畔开设御宴,举杯与群臣共饮禊宴酒。数叶扁舟穿行池中,如惊鸿一般在画楫上游荡。龙舟双桨飞举,竞渡夺标,夺锦橱之戏的场面如彩霞般眼花缭乱。游人倾情唱颂《鱼藻》佳曲,歌声婉转入云。簇拥在池畔的女子,个个佩戴明珠,为了捡拾河岸边的翠羽,争先恐后。渐渐地,人走远了,暮色降临,金明池如洞天之地。

这首词歌颂了宋真宗时的清明盛世,在柳永笔下,这首长达一百三十余字的慢词条理井然,写景叙事有条不紊,全词由晨景到晚景,层层铺叙,相得益彰。上阕写景堪称神来之笔,撷取清晨带露的荷花、倒影以及一池春水,统领全词景色清新的基调。首句先声夺人,苏东坡不禁赞叹:"山抹微云秦学士,露花倒影柳屯田。"下阕的游乐景况是从皇帝到群臣、百姓,各自尽兴,直到曲终人散。末尾的想象力韵味悠长,从蓬莱仙境到洞天福地,如一支余音未了的曲子,引人入胜。

到宋大中祥符年间,宋王朝的大厦开始动摇。此后,宋真宗任由王钦若、丁谓等"五鬼"参与朝政。在这帮奸佞的蛊惑下,宋真宗一头钻进了"祥瑞"的牛角尖中,一心只顾粉饰太平,不理朝政。宋天禧四年(1020年),宋真宗的健康出现了问题,以现代医学判定,是得了健忘症。他整日胡言乱语,甚至进入迷狂的状态,虽然名义上是一国之君,但朝政大权眼看就要旁落皇后刘氏手中。

宋天禧三年(1019年),太白昼现,占卜结果是"女主昌"。有宋以来,从来没有女主临朝的先例,然而,宋真宗每况愈下,皇后刘氏逐渐染指政事,有把持朝政的倾向。宋真宗心中不安,害怕女人主政将危及大宋江山,一日,在心腹面前流露出让太子监国之意。寇准得知这一情况后,进宫与宋真宗密议定夺"太子监国",宋真宗退为太上皇。寇准出宫后,马上让翰林学士杨亿连夜起草有关"太子监国"的诏书。事情虽然进行得极为隐秘,但百密一疏,最后还是败露了。这时,记性时好时坏的宋真宗以"不记与准初有成言"为由,把事情推到寇准头上。宋天禧四年(1020年)六月,寇准被罢相,贬到陕州去做知州,章献皇后刘氏与丁谓密谋得逞。七月,命李迪为相,欲拉拢李迪,不料李迪反对章献皇后垂帘听政,对宦官蒙蔽宋真宗佞道深感愤慨。

李迪,字复古,祖籍赵郡赞皇(今河北省石家庄市赞皇县),后徙家幽州,为避五代乱,又徙家濮州(今山东省鄄城旧城)。宋景德二年(1005年),中进士第一名,屡迁翰林学士;宋天禧元年(1017年)九月,被任命为参知政事。宋天禧二年(1018年),赵祯被立为太子,李迪为太子宾客。宋天禧四年(1020年),李迪被命为吏部尚书兼太子少傅。同年十一月,遭奸臣丁谓排挤,被贬出知郓州,几乎被迫害致死,史称此时"朝中正人为之一空"。

李迪年长柳永十六岁,柳宜任雷泽县令时与之相交,于柳永为长辈。李迪被贬后,柳永很同情他,写了一首词赠予他。

星闱上笏金章贵,重委外台疏近侍。百常天阁旧通班,九岁国储新上计。

太仓日富中邦最,宣室夜思前席对。归心怡悦酒肠宽,不泛千钟应不醉。

柳永《玉楼春·星闱上笏金章贵》

身穿昂贵的金章官服,李迪手持笏板,站在皇宫大殿上参政议政。他曾位于尚书台显宦之列,由于他的进谏,九岁太子得以保全。可惜皇帝亲佞臣,远贤臣,小人的谗言最终导致李迪被罢官。随后他又安慰道：京师仓廪日丰，国家强盛，皇上迟早会诏你回朝，共商国是。你且放松心情，放宽酒肠，不醉不还。

之所以说这首词是赠予李迪的，词中"百常天阁旧通班，九岁国储新上计"两句是理解的密钥。这两句的意思是，现在你（李迪）入相宋真宗，却是宋仁宗为太子时的通班旧臣，当太子有可能被废时，全凭你（李迪）置个人安危于不顾，挺身向宋真宗进谏，赵祯才得以保全太子地位。这事的确有些由来，宦官周怀政趁宋真宗病危之机，密诏客省使①杨崇勋、内殿承制②杨怀吉等，策划谋杀丁谓，拥立赵祯，奉宋真宗为太上皇。结果二杨将他告发，周怀政被杀。这件事牵扯了太子赵祯，"帝怒甚，欲责及太子"。当时"群臣莫敢言"，李迪上前从容奏曰："陛下有几子，乃欲为此计？"意思是皇上你有几个皇子，竟然想出这个策略。于是，"上大寤，由是独诛怀政"，没有对太子问罪。

李迪的故乡是濮州，为郓州辖地，而郓州为京东西路帅府所在地，知郓州者必有京东西路安抚使兵马巡检的身份。所谓"归心怡悦酒肠宽"，归心即指归隐与归故乡。"归心怡悦酒肠宽，不泛千钟应不醉"两句果真被柳永说中，宋仁宗即位后，将李迪召回京师重用，再次拜相。

宋乾兴元年（1022 年），宋真宗驾崩于延庆殿，遗诏："尊皇后为皇太后，军国大事权取皇太后处置。"皇太子赵祯即位，是为宋仁宗，时年十二岁。他在位初期，由章献明肃皇后刘氏垂帘听政。刘氏把持朝政十余年，对北宋政局产生了重要影响。直到宋明道二年（1033 年），赵祯才开始亲政。赵祯天性仁孝，为人宽厚和善，不事

---

① 客省使：官名，唐代宗时始置，主客省，接待四方奏计及外族使者。
② 内殿承制：官名，宋大中祥符二年（1009 年）置，为武臣阶官，七品。

奢华。他在位期间，宋朝"四海雍熙，八荒平静，士农乐业，文武忠良"。在宋仁宗一朝，有"庆历、嘉祐之治"，而这正与他"恭俭仁恕"的个人秉性与治国方针有关。《宋史》评价他："'为人君，止于仁'，帝诚无愧焉。"宋仁宗在位四十一年，为宋朝在位时间最长的皇帝。

宋天圣二年（1024年），柳永第四次参加科考。根据南宋吴曾《能改斋漫录》卷十六记载，宋仁宗一次"临轩放榜"，看到柳三变的名字，想起他在《鹤冲天·黄金榜上》中"忍把浮名，换了浅斟低唱"的句子，便在此批曰："此人好花前月下，且去浅斟低唱，何要浮名！"柳永再次落榜。

平生自负，风流才调。口儿里、道知张陈赵。唱新词，改难令，总知颠倒。解刷扮，能唝嗽，表里都峭。每遇着、饮席歌筵，人人尽道。可惜许老了。

阎罗大伯曾教来，道人生、但不须烦恼。遇良辰，当美景，追欢买笑。剩活取百十年，只恁厮好。若限满、鬼使来追，待倩个、淹通著到。

柳永《传花枝·平生自负》

这首词笔调狂放不羁，起句高亢，铺叙酣畅，一气呵成，气势浑阔，乐观豪放，这在柳词中是为数不多的豪放风格。

"平生自负，风流才调"两句，写浪子生涯的自得情怀。看得出，柳永对自己英俊杰出、倜傥不羁很是欣赏。这八个字很有分量，为全词定下叛逆的基调。但这些"风流才调"并不为大众所赏识，被视为"不检率""僄薄无行"。柳永对这些责难表现出不屑，以"人人尽道"与"平生自负"对举，很有一副特立独行的强悍，表现出人言汹汹却依然我行我素的从容。别人看着惋惜，"可惜就这样老了"，柳永却不以为然。

下阕紧接上阕，他公然站在世俗的对立面，宣称"阎罗大伯曾教来"，使文章语调陡转。宋人一向敬畏阎罗，柳永自称阎罗为"大伯"，诙谐的语气中含着轻蔑意味，足见其叛逆。接下来的"道人生"至词尾，他像竹筒倒豆子一样说出阎罗的教诲和对他的鼓励。人生在世，不必忧愁烦恼，遇到良辰美景就当尽情享受，"追欢买笑"，尽兴地活他个百十年。"只恁厮好"，我对你只有这样好了。这样看来，柳永在阎王爷眼中确实不一般，当然，阎王爷也痛快地告诉他，待大限将至的那一天，小鬼来索命，你干脆利索地来地府报到。

柳永借阎王声明自己的生死观，他对人生的看法和态度是潇洒的，渴望按照个人意愿主宰人生，充分享受生命的馈赠。这充分显示了柳永顽强的性格力量，他就是要按照自己的意愿生活，不难看出这其中也有他失意的辛酸。难能可贵的是，他性格中的乐观坚强战胜了辛酸，他有决心追求个人精神中的自由。他的性格对于封建秩序和传统封建思想而言是一股潜在的威胁，所以当时的"卫道士"们对他群起而攻之，拼命诋毁他。

此词与《鹤冲天·黄金榜上》互为姊妹篇。柳永精通音律，善为歌词，他的个性化创作给他带来不小的灾难，使他仕途受挫，官宦生涯坎坷不平。他在《鹤冲天·黄金榜上》中口无遮拦地蔑视功名利禄，对统治者表示不满，使得皇帝对他颇有微词。这次明明金榜题名，却又被无端除名，使他深刻认识到自己与封建秩序和统治阶级的矛盾所在，产生了怀疑性的思考。另一方面，由于柳永长期与乐工歌伎等底层人民接触，社会底层的生活经历使他看到了生命的活力与价值，鼓舞他重拾积极生活的信念。

因为《鹤冲天·黄金榜上》而得罪了皇帝的柳永被改变了命运，遂"失意无俚，流连坊曲"，专为歌伎撰写曲子。据说柳永曾到过金陵，与金陵名妓芸芸有过一面之缘。当然，这一面之缘的男主角不是柳永，而是柳永的朋友张生。张生对芸芸爱慕已久，但芸芸对他没有感觉，她心仪的是一位富家子弟。据《醉翁谈录》载，一次，柳永与朋友张生前往金陵名妓芸芸家，恰好那位公子哥先人一步到了芸芸家，芸芸不愿意让柳张二人与那富家子弟打照面，便将那公子藏在密室。然后，她出来应酬柳张二人，和他们喝了几杯酒后，佯装醉酒，进屋就寝，其实是和那公子幽会去了。

张生感到很扫兴，在一旁的柳永却看得明白。于是，他给张生讲了一个故事。话说何仙姑在仙机岩独居，一日来了曹国舅，二人笑谈间，曹国舅遥见吕洞宾飞剑驾云，眼看就要降至仙机岩，曹国舅心想不好，吕洞宾来瞧见他们孤男寡女在一起，那肯定说不清道不明了。为了避嫌，何仙姑使了一法，将曹国舅变为仙丹吞进肚里。吕洞宾到了，与何仙姑聊了几句。之后，蓝采和与钟汉离也来了。何仙姑为了避嫌要吕洞宾将她化为一颗仙丹吞进肚里。

蓝采和问吕洞宾为何一人独坐在这里，吕洞宾闪烁其词，说他刚刚路过此地坐下歇息。蓝采和笑着说："别装了，我知道你肚里有戏，快叫何仙姑出来见我。"何仙姑只好出来。这还没完，一旁的钟汉离说，蓝采和只知吕洞宾肚里有何仙姑，却不知何仙姑肚里还藏有一人。话说明后，曹国舅知道藏不住了，只好红着脸出来。

柳永的故事讲完，张生也被点醒了，他恍然大悟——芸芸的内室必定别有洞天。念及此，他知趣地和柳永一起离开了。临走前，柳永在墙上写了一首《红窗迥·小园东》，调侃了芸芸一回。

小园东，花共柳。红紫又一齐开了。引将蜂蝶燕和莺，成阵价、忙忙走。

　　花心偏向蜂儿有。莺共燕、吃他拖逗。蜂儿却入、花里藏身，蝴蝶儿、你且退后。

柳永《红窗迥·小园东》

　　这首词景色绚丽，在浓郁的春光里，小园内姹紫嫣红，引来蜂蝶燕莺，只见它们在百花丛中忙得不亦乐乎。下阕的故事耐人寻味，"花心偏向蜂儿有"暗指芸芸自有意中人，燕子爱花却又讨不到花的青睐，感到无可奈何。"蜂儿却入、花里藏身"一语双关，表面看是写蜜蜂采蜜，生动形象，接下来却借蜜蜂的口吻把话挑明："蝴蝶儿、你且退后。"

　　柳永采用口语、俗语生动形象地描写了花儿与蜂、蝶、莺、燕的关系，情趣盎然，如一幅美丽的春景图，又以拟人的手法将独点花魁的蜂儿写得底气十足，"蝴蝶儿、你且退后"。这首小词的收场就是二人在芸芸家的收场。从词中可以看出，柳永不光洒脱放浪，还是个幽默风趣的人。从这个带有喜剧色彩的故事中可以看到，在他笔下，嬉笑怒骂皆成文章。

　　流连于烟花柳巷的柳永和红颜知己虫娘的关系出现了裂痕。在众多与柳永关系暧昧的女子当中，他最在乎虫娘，虫娘有一股与众不同的气质。坊间传闻，虫娘是贵人落难，出身并不贫贱，乃书香门第之后。虫娘是吴江人氏，十岁时父母双亡，家道中落，有好心人把她带到汴京投靠其叔父，不料她叔父因贬谪岭南，一去再无消息。在汴京城内举目无亲的虫娘被迫沦落风尘，在酒店卖艺。对虫娘，柳永舍不得放手，他希望自己高中，光明正大地与虫娘长相厮守。

雅欢幽会①,良辰可惜虚抛掷。每追念、狂踪旧迹。长只恁、愁闷朝夕。凭谁去、花衢觅。细说此中端的。道向我、转觉厌厌,役梦劳魂苦相忆。

须知最有,风前月下,心事始终难得。但愿我,虫虫心下,把人看待,长似初相识。况渐逢春色。便是有,举场消息。待这回、好好怜伊,更不轻离拆。

柳永《征部乐·雅欢幽会》

上阕写柳永对虫娘刻骨铭心的思念。"雅欢幽会,良辰可惜虚抛掷"两句,是开篇的一声叹息,男女相爱而私下约会的时刻不再有,多少美好的时光都被"虚抛掷"。柳永感到非常无奈,此次离京漫游,是为了解决仕进之困,想在京试科场上一试锋芒。但他内心深处最惦念的不是科场,而是难分难舍的情人。每当想起过去那些醉生梦死的生活,心中便生出漫长的烦闷。他因为思念虫娘而备受煎熬,从早到晚没有一刻轻松。"凭谁去"至末尾,说出了他非常迫切的愿望,想把心里的痛苦告诉虫娘。问题是,何人能到花街柳巷去找她,把他在这里的境况细细与她诉说呢?让她知道,对她魂牵梦萦的相思已把他折磨得萎靡不振了。

下阕换成模拟的直接对白,语气婉转,生动传神地表现出柳永生怕虫娘移情别恋的心态。要知道,世上只有与伊人共度良辰美景和心中所念之事最难得到。"须知最有"三句道出了柳永熟谙风月场所的人情世故,他太在乎虫娘了,但对虫娘放心不下,所以在这儿委婉地告诉虫娘,希望她珍惜两人之间难得的感情。之后他直言心

---

① 雅欢幽会:男女相爱而私下约会。出自元稹《莺莺传》,"幽会未终,惊魂已断"。

声：只愿我的虫虫姑娘清醒一些，接待客人时，只需像初次相识那样，千万别动真情陷进去。这里表现了柳永生怕虫娘变心的真实心态，生怕虫娘下一个遇到的是跟他一样的人，也像他俩曾经那样心生情愫，那他就出局了。春闱即将拉开序幕，如果他在京试考场上夺魁，即刻返回。他再次向虫娘"表忠心"：将来一定好好爱你，绝不轻易分开了。"待这回、好好怜伊，更不轻离拆"说得掏心掏肺，他相信此次科考会高中，所以郑重地对虫娘许下承诺。

从词中"便是有，举场消息。待这回、好好怜伊，更不轻离拆"来看，甚至可能以悲剧收场此词应该是柳永离开京城前与虫娘分手在即时写的。为了求取功名，柳永不得不离开虫娘，尝尽博取功名、人生蹉跎的苦涩滋味。此番离京，想起自己深爱的女子，柳永不由得百感交集，全词表达了对虫娘一往情深的真挚感情。

对于长期流连青楼的柳永来说，这是少有的一往情深。他接触的烟花女子太多了，逢场作戏是常态，但虫娘不比一般的青楼女子。柳永先是被虫娘温润的言谈举止所吸引，然后被她的美妙舞姿所俘获，虫娘成了柳永众多红颜知己中最贴心的一个。柳永曾在《集贤宾·小楼深巷狂游遍》中老实承认："罗绮成丛。就中堪人属意，最是虫虫。"这对情人的身份也很特殊，一个是浪荡游子，一个是多情歌伎，这种特殊的身份使他们的纯真爱情和对美好生活的向往只是镜花水月，注定了他们纵然轰轰烈烈爱一场，到头来还是没有结果。

多情自古伤离别

从宋人的野史笔记中看到，柳永的科举之路起伏跌宕，非同一般，他的仕途与他的浪漫生涯好似鱼水不可分离，少了哪一样都不行。但他的人生与大多数文人不同，不是寒窗十年的辛酸，而是情场得意、科场失意。柳永在第四次落第后，失意忧愤地离开汴京，由水路南下，一路以填词为生。临出发前，他万分不舍地为情人写下一首惜别之作。

寒蝉凄切。对长亭晚，骤雨初歇。都门帐饮无绪，留恋处、兰舟催发。执手相看泪眼，竟无语凝噎。念去去、千里烟波，暮霭沉沉楚天阔。

多情自古伤离别。更那堪、冷落清秋节。今宵酒醒何处，杨柳岸、晓风残月。此去经年，应是良辰、好景虚设。便纵有、千种风情，更与何人说。

柳永《雨霖铃·寒蝉凄切》

这是柳永婉约词的代表作,堪称抒写离别情的千古名篇。全词妙笔生花,不着斧凿痕迹,绘景直白而浑然天成,场面生动如亲眼所见。

秋蝉急促的鸣叫声是那样凄凉,正当傍晚时分,长亭前,一阵急雨刚刚停歇。四周暮色阴沉,看上去无处不凄凉。京都城外设下帷帐饯别,离人心乱如麻,毫无畅饮的心绪,情深意浓的话还未说完,船上的人就声声催促。面对美酒佳肴,离人却无心小啜一口,思绪全都在恋人身上。一边是依依不舍情浓时,一边是兰舟催发,矛盾冲突尖锐。船将启航,情人难舍。两人紧握双手互相凝视,泪水盈眶,直到最后一刻,千言万语还是无从说起,噎在喉间。一个生动的细节出现了,噎在离人喉中未说出的是什么话呢?他的内心独白适时登场,"念去去、千里烟波,暮霭沉沉楚天阔"。想到此次到南方,行程遥远,千里迢迢,烟波一片,夜雾沉沉的楚地天空一眼望不到边。在这广阔辽远的空间里,浓密深沉的烟霭弥漫其间,离愁之深,可见一斑。

下阕承接上阕的正面话别,宕开一笔,带出一条带有普遍性的人生感叹:"多情自古伤离别。"自古以来,让多情人最伤心的是离别,更何况在这萧瑟冷落的秋天!今夜酒醒时,我如何知晓身在何处,心里唯一怕见的就是那杨柳岸边凄厉的晨风和黎明的残月。可以想象当时的情景,船泊靠岸,离人酒醒梦回,睁眼一看,只有疏柳在晨风中飒飒作响,一弯残月挂在杨柳梢头,身边并无伊人的倩影,画面凄清冷落。

同样是写景,上阕写离愁,笔法洒脱写意,如一幅山水画,笔墨苍茫;下阕却精雕细琢,如画家所说的点染笔法描绘出一幅工笔画。清代刘熙载在《艺概·词概》中分析道:"'念去去'三句,点出离别冷落。'今宵'二句乃就上三句染之。点染之间,不得有他语相隔，否则警句亦成死灰矣。"此词用笔优雅从容，情景交融之中蕴藉深沉，情人惜别时的真情实感在柳永笔下凄婉动人。

　　柳永流连曲坊，与艺人密切合作，他的写词技艺炉火纯青。他将旧声变新声，在唐五代小令的基础上，创制了大量慢词，在宋词史上是一个新的发展。在词史上，当推双调慢词《雨霖铃·寒蝉凄切》为最早的作品。这首《雨霖铃·寒蝉凄切》取唐时旧曲翻制。据唐代郑处诲《明皇杂录》载：安史之乱时，唐玄宗逃往蜀中，于栈道雨中闻铃音，顿生悼念杨贵妃之情，"采其声为《雨霖铃》曲，以寄恨焉"。柳永充分利用慢词调声哀怨、篇幅较长的特点，将委婉凄恻的离情淋漓尽致地表现出来，读之令人心生挹郁之感。南宋王灼在其词曲评论笔记《碧鸡漫志》中高度评价这首词："今双调《雨霖铃慢》颇极哀怨，真本曲遗声。"

　　《雨霖铃·寒蝉凄切》在宋元时期广泛流传，对后世的文学创作影响很大。在宋元笔记中，有许多与这首词相关的传说，词中的句子在金元杂剧、散曲中引用得格外频繁，还包括运用其语意。比如，董解元《西厢记诸宫调》的"长亭送别"一段，张生和莺莺在清秋时节分别，后来张生酒醒梦回。作者对这段凄凉情景的营造，可以明显看出受到柳永这首词的深刻影响。

　　夜雨滴空阶，孤馆梦回，情绪萧索。一片闲愁，想丹青难貌。秋渐老、蛩声正苦，夜将阑、灯花旋落。最无端处，总把良宵，只恁孤眠却。

　　佳人应怪我，别后寡信轻诺。记得当初，剪香云为约。甚时向、幽闺深处，按新词、流霞共酌。再同欢笑，肯把金玉珠珍博。

柳永《尾犯·夜雨滴空阶》

这是柳永思念远方佳人的情词，词中没有明确指出思念对象，大概是"虫娘""心娘""佳娘""酥娘"之类的歌舞女子。最能代表全词艺术成就的是此词的意象运用自然巧妙，情感表达酣畅淋漓。上下阕各表一境，描写词人独居孤宿、辗转难眠，在孤馆回梦中的离愁别绪。

在这个孤寂的环境中，在这伤感的氛围里，柳永凄凉难耐。一个"滴"字堪称神来之笔，生动如一滴泪坠，在词人心上荡起层层波澜，他的闲愁在这波澜中强烈地摇摆起来。闲愁似一张无形的网紧紧扼住他，使他无法挣脱，无心入眠。深秋临近，蟋蟀最苦的绝唱不绝于耳。夜晚将尽，灯花掉落下来。室外蟋蟀悲鸣，室内灯花落下，抱影孤眠的词人不由得对这被辜负的良宵深感遗憾，无限相思，情难自禁。

下阕一句"佳人应怪我，别后寡信轻诺"，带着深深的自责，他想起自己对佳人的辜负给对方带来的伤害，故以往那些缠绵的美好时光显得弥足珍贵。他在内心无限留恋和向往，昔日"剪香云为约"的情景此时又浮现在眼前，如果能再相偎相伴、填新词、酌美酒的话，他宁愿舍弃"金玉珠珍"来换取"同欢笑"。可是，会有那一天吗？希望渺茫，这一句表白显得苍白无力。

柳永作为词作大家，还有着绘画大师的审美眼光，在他的很多词作中，都有语言和画面的美感，尤其是对自然秋景的描绘。凡词都有意象，古人称意象为"兴象"，即词中表达的意境，这是作品中用自然景象来表达情词和境界的高超手法。在这首词中，词人在叙述自己"情绪萧索"时，"雨滴空阶""蛩声正苦"的意象使声画兼有。那"一片闲愁""丹青难貌"，夜深人静之时，象征吉祥的灯花余烬旋落，这凋落的"灯花"将词人"丹青难貌"的"闲愁"烘托得更加煎熬。

皓月初圆，暮云飘散，分明夜色如晴昼。渐消尽、醺醺残酒。危阁迥、凉生襟袖。追旧事、一晌凭栏久。如何媚容艳态，抵死孤欢偶。朝思暮想，自家空恁添清瘦。

算到头、谁与伸剖。向道我别来，为伊牵系，度岁经年，偷眼觑、也不忍觑花柳。可惜恁、好景良宵，未曾略展双眉暂开口。问甚时与你，深怜痛惜还依旧。

柳永《倾杯乐·皓月初圆》

这是一首描写青楼女子情感的词作，用内心独白的方式，描写一位风尘女子对恋人刻骨铭心的相思。全词注重心理剖析，峰回路转，迂回曲折地揭示了女子丰富而复杂的内心世界。

在一个美妙的月夜，女子独上高楼，望眼欲穿地看向远方，盼望她的情人归来。初升的月亮像一轮银白色的玉盘，暮云飘散得无影无踪，皎洁的月光照得大地如同晴朗的白昼。女主人公因为与情人离别而郁郁寡欢，她忍受不了离别的痛苦，借酒浇愁。时间一分一秒地流逝，不觉云散月圆。她举头看天，心生感叹：月有阴晴圆缺，就像人有聚散离合。现在天上"皓月初圆"，而她却形单影只。在这个美妙的月夜，她独倚高楼，痴情地眺望远方，凉风穿袖而过侵入肌肤。她的内心活动异常激烈，往事翻江倒海，旧怨浮上心头。"我为何要白白耗费妩媚的容貌和娇艳的体态，自甘寂寞？"行文至此，笔锋一转，"如何"二字以女子本人的口吻反诘，意思是以她的美貌，完全可以赢得其他追求者的爱慕，另攀高枝，但她却选择孤独地等待那个承诺要回来与她相聚的人，大有"曾经沧海难为水，除却巫山不是云"的执着。为了这一天，她朝思暮想，憔悴消瘦。

下阕继续上阕的思路，沿着女子的愁绪一路走下来，将笔锋集中在刻画其复杂的内心世界上,只是转换了场景,由回忆转为现实。"算到头、谁与伸剖",从头到尾细思量,谁能为我剖析其中缘由呢?分手时你明明说还会再回来,因为你心中牵挂着我,就以一年为期限,即使偷眼觑人,也绝不会对花柳女子有非分之想。这三段内心独白虽然语言质朴却非常感人,可以看出这是一个痴情的女子。在分别的漫长等待中,她竟然连窗外的春色都不敢看一眼,生怕触景生情,那娇艳的春花和嫩绿的杨柳,使她忍不住想念他。"可惜恁、好景良宵"以下句,写出了她的痛心。自从你走后我再也不曾舒展眉头,不曾开口说过一句话,白白辜负了这良辰美景。只问什么时候才能与你再相见,重温旧情,一如既往地深深相爱。因为相思而愁肠百结,"可惜恁"三个字恰是一声语气婉转的叹息,生动地表现了她的用情之深、思念之苦。

哪一个可以代为"伸剖"的人向心上人发问呢,这正是女子带着渴望、期待,还掺杂着几许迷惘和感伤的呼唤,何时才能相聚,"问甚时与你,深怜痛惜还依旧"。词人就此打住,没有再往下说,但不难猜到,多半是没有结果的。女子的一往情深和那刻骨铭心的爱恋,只能是她一生中的一次回忆,这可以说是那个年代青楼女子的普遍遭遇。

柳词的描写对象多是青楼女子、坊曲歌伎,在刻画这类人物的内心活动和情感表达方面,柳永可谓驾轻就熟,无人能出其右。清代周济在《介存斋论词杂著》中评价柳永词的风格时说:"铺叙委婉,言近意远,森秀幽淡之趣在骨。"《倾杯乐·皓月初圆》使用了大量当时流行的口语,如"抵死""算到头""自家空恁"等,所以历来遭到正统文人的诟病,但这却是柳词独一无二的长处。柳永信手拈来地使用俚语俗语,说明他对底层市民生活有深入的了解,这恰恰是一个文人最可贵的品质。因此,历史也给了柳永公正的评价,认为他对词的发展做出了巨大贡献。

> 昨宵里,恁和衣睡。今宵里,又恁和衣睡。小饮归来,初更过,醺醺醉。中夜后、何事还惊起。霜天冷,风细细。触疏窗。闪闪灯摇曳。
>
> 空床辗转重追想,云雨梦,任敧枕难继。寸心万绪,咫尺千里。好景良天,彼此空有相怜意。未有相怜计。
>
> 柳永《婆罗门令·昨宵里》

连续两夜都是和衣裹着被子就睡了,和衣而睡是典型的羁旅生活细节。词人选择"和衣睡"的细节,非常贴切地写出游子单枪匹马独在天涯的凄清滋味。"小饮归来,初更过,醺醺醉"三句是倒插一笔,写他在入睡之前,还喝过一阵闷酒。"小饮"不可能尽兴,但客中独酌没有作陪又很无趣,所以一饮饮到"初更过",可见他是借酒浇愁。虽然独饮寡淡无味,但他仍然喝到醉醺醺才罢。这句词既承上解释了和衣而睡的原因,又为下面孤眠惊梦埋下了伏笔。刚过中夜,梦中惊醒,这是为什么呢?词人用了一个设问句,加强语意,表达梦醒人的满腔幽怨。此刻,醒来的醉客对外界环境十分敏感,天冷寒气逼人,冷风嗖嗖地吹动花格窗子,灯火在风中摇曳不定。这些凄清的意象更使男子梦醒之后无限惆怅的复杂心情雪上加霜。

一觉惊梦,继之而来的是寂寞的心情。深夜辗转无眠,有心重温鸳梦,却旧情难续。纵然心中有无限思念,情人却在万里之外。良辰美景虚度,空有相思情结,却拿不出相见的办法。就在喝醉酒回来后,他做了一个好梦,与情人同衾共枕,巫山云雨。词人在这里用了一个反差极大的手法,梦越甜美,梦醒后越觉悲哀。相思情切与好梦难继对于在外游荡的男子而言,是无法解决的矛盾。

全篇从睡前、睡梦、梦醒三个阶段的情态着手，写出了主人公在几个时间段里的心理活动，先写单相思，再把对方牵连到同样难堪的处境中，意蕴步步深入。结尾的重复妙极了，纵使内心有无限"相怜"意，奈何无"相怜"计。全词运用描述、倒插、伏笔等手法，前后照应，层层递进，意境浑然，个中叙事和心理活动耐人寻味。

针线闲拈伴伊坐

南下漂泊的柳永,醉扬州、卧苏杭,看尽韶华飞逝。柳永并不是一个糊里糊涂的人,他对自己的羁旅人生有清醒的认识,完全明白自己长期以来孜孜以求的东西到头来可能是一场空,他也将为此付出沉重的代价。任何人都有与命运抗争的理由和方式,柳永想要挣脱,他的抗争就是以爱情的方式进行的。其实这种抗争是徒劳的,因为建立在醉生梦死上的爱情不堪一击。柳永一生放荡不羁,播下的爱情种子都是无根之木,他的爱情如同水中浮萍,随开随去,只留下酸涩的回忆。柳永一生的悲剧不仅仅是事业无成、情感无依,还在于他的人生之路别无选择。羁旅他乡,情人不能相见,在相思之苦煎熬下的柳永写了多首忧伤的浪子悲歌。

梦觉、透窗风一线,寒灯吹熄。那堪酒醒,又闻空阶,夜雨频滴。嗟因循、久作天涯客。负佳人、几许盟言,便忍把、从前欢会,陡顿翻成忧戚。

愁极。再三追思,洞房深处,几处饮散歌阑,香暖鸳鸯被。岂暂时疏散,费伊心力。嬾云尤雨,有万般千种,相怜相惜。

恰到今天,天长漏永,无端自家疏隔。知何时、却拥秦云态,愿低帷昵枕,轻轻细说与,江乡夜夜,数寒更思忆。

柳永《浪淘沙·梦觉》

这首一百三十余字的慢词在谋篇布局上很有特色,第一、二阕,分别述说过去与现在的情事;第三阕,设想将来,并在设想中回忆现实,情感活动起伏跌宕,回味无穷。

一觉醒来,寒冷的夜风似一条线从窗棂吹入,昨夜那盏如豆的灯火熄灭了。酒后的失落感令人愁肠百结,夜雨滴在空寂的台阶上,雨滴声声入耳。命运如此捉弄人,如今我漂泊天涯,辜负了佳人,不顾信誓旦旦的山盟情意,忍心抛下从前的幽会欢娱,忧愁和悲戚突然袭上心头。回味从前那些销魂的情景,使这个夜晚变得更加忧愁和孤寂。从"饮散歌阑"句来看,不难猜出对方是一位侍宴歌伎。两人生情,互相爱恋了一段时间,因此,主人公半夜酒醒第一个想起的人就是她,而且是刻骨铭心的思念,这就是他忧戚的原因。

今日天长夜久的相思苦,都是因为自家游宦的介入,闹得情侣硬生生分离。沉湎在相亲相爱的回忆中的主人公在通夜无眠后,终于回到了现实。"无端自家疏隔"是他的悔恨之言,但世上没有后悔药,只能寄希望于未来,再给两人一个重逢的机会。何时才能再相聚,重谐秦楼云雨?但愿低垂帷帐欢情意,枕前亲昵,轻声细语。江畔乡间夜夜孤凄,数着寒夜更声,她的相貌尽在更声里。这是他在几近绝望的悔恨中一抹希望的亮色,但愿这个幻想的重逢能给他一个机会,让他在低垂的帷幕下、玉枕上,对她喃喃细语,讲述他在一个如此冷清的寒夜里,数着寒更思念她。主人公的情思活动在全词的结尾部分进入高潮。

柳永的这首慢词从唐五代所传的《浪淘沙》衍化而成。这首忧伤的浪子悲歌是一首描写恋情的词，最大特点是词人用一种立体感的视觉，从不同角度、不同方位，多层次、多姿态地表现主人公复杂的心理状态和相思活动。体制扩大，容量增加，是柳永创制慢词的一个范例。

柳永在江南期间，常常在夜深人静之时想起在汴京灯红酒绿的夜生活。柳永终日游荡，在倚红偎翠的放浪生活中消磨自己的年华。在汴京时，柳永曾与多名歌伎有过短暂的交往，后来都因为不同的原因分手了。在一次宴会上，柳永意外地遇到了某位歌伎。这是一次尴尬的相遇，在这个富有戏剧性的场合，歌伎泪眼婆娑地向柳永述说她的"万般幽怨"，柳永深为感动，对她做出承诺："恁别无萦绊。不免收心，共伊长远。"

当初聚散。便唤作、无由再逢伊面。近日来，不期而会重欢宴。向尊前，闲暇里，敛着眉儿长叹。惹起旧愁无限。

盈盈泪眼。漫向我耳边，作万般幽怨。奈你自家心下，有事难见。待信真个，恁别无萦绊。不免收心，共伊长远。

柳永《秋夜月·当初聚散》

从"当初聚散。便唤作、无由再逢伊面。近日来，不期而会重欢宴"几句话来看，不难厘清柳永与这位歌伎交往的来龙去脉。离开时就已言明再也没有机会见面了，没想到最近却再次相遇，这段悲欢离合的往事最后通过交谈达成了和解。上阕先写彼此分手多年后在宴会上偶遇的神态。他原以为再也不会与她相见了，这次重逢当然是百感交集。她强颜欢笑的神态勾起了他对旧日恩爱的缕缕情思。饮下一盏小酒后,愁绪更浓了,她眉头紧蹙地忆起旧时,心中无限忧愁。

下阕以写实的手法延伸二人的情感纠葛。只见她泪眼盈盈,不顾场合地噙着泪花在他耳边诉说她的万千怨恨。她的肺腑之言证明了她对他的感情始终如一,无奈他爱莫能助,不能永远陪在她身边。他表示"待信真个,恁别无萦绊。不免收心,共伊长远",等到了无牵挂之时,我就会与你长相厮守。但这些承诺都是一纸空言,不可能兑现。

这是一首俚词。柳永的俚词有一个显著特色,就是善于用方言口语来表达词意,既通俗妥帖又曲尽其意。

宋天圣七年(1029年),四十二岁的柳永重返汴京,汴京繁华依旧,但虫娘不知去向,旧日相好也零落天涯。柳永重回汴京的烟花柳巷,但他已不再是年少轻狂的浪子,屡试屡败的打击和浪迹天涯的经历,使他能感受那些平民女子对幸福生活的渴望。她们的理想既平凡又现实,毫无功利成分,只希望能与相爱的人终日相伴,恩爱一生。

自春来、惨绿愁红,芳心是事可可。日上花梢,莺穿柳带,犹压香衾卧。暖酥消,腻云嚲,终日厌厌倦梳裹。无那。恨薄情一去,音书无个。

早知恁么。悔当初、不把雕鞍锁。向鸡窗、只与蛮笺象管,拘束教吟课。镇相随,莫抛躲。针线闲拈伴伊坐。和我。免使年少,光阴虚过。

柳永《定风波·自春来》

这是一首代言体的词,以闺中怨妇的口吻诉说内心的痛苦,字里行间可见他对歌伎的深切同情和怜爱之情。大胆坦率、浅俗直露,是这首词的显著特色。全词语言明白浅显,直接把歌伎的闺房生活大白于天下,与当时蕴藉典雅的词风大相径庭,堪称柳词中"俚词"的代表作。

　　自从春天来到,我看见那些红花绿叶都带着愁苦,所见之事没有一件称心如意,一颗芳心也无处安放。阳光在花树枝头闪耀,黄莺的鸣啼声在柳条间穿梭,尽管艳阳高照,我还是躺在锦被里不愿起床,也懒得梳妆。腰身瘦了,秀发披散低垂,整天提不起精神,顾不得抹香脂。这是为什么呢?后面三句说清原委:"无那。恨薄情一去,音书无个。"这"薄情一去"指的是那个负心人,与她一别后便再无消息,空留她一人相思无尽。

　　她心中的爱情生活虽然是她的一厢情愿,但能看出,她是个情感热烈真挚、性格泼辣的人。她愤愤不平地责备那个薄情郎一去便再无消息。她痛心疾首地埋怨自己:早知如此,当初就应该把他的宝马锁起来。接下来,她继续做自己的爱情白日梦。"向鸡窗"以下全是她一手编织的爱情梦:真该把他留在书房里,整日只让他与彩笺毛笔为伍,让他吟诗做功课。如此,我俩便形影不离。我拿着针线坐在他身边做女红,两人相倚相靠,快快活活长相厮守,不要虚掷我们的青春年华,以致苦苦等待。

　　柳永采用白描手法刻画了一个大胆泼辣、胸中燃烧着狂热爱情的少妇形象。词中女子毫不忌讳地表达了想要嫁人的愿望,词中通过细腻的心理刻画,生动地写出她对自由幸福生活的渴望与追求。全词语言通俗,口吻自然,具有浓郁的民歌风味。既有民歌的特点,又有鲜明的时代特色,这是柳永吸收民间词学营养的一大成就。他在自己独创的"俚词"阵地上,怀着对底层歌伎的深切同情,以他的生花妙笔抒写歌伎内心深处的悲凉,反映她们对生活的热爱及对爱情的追求与向往。

柳永的这种文学追求来源于他的生活经历，一个失意的落魄文人最容易和知书识文的风雅女子产生共鸣。对于当时生活在社会底层的广大市民来说，带着俗气而真诚的感情最能博得他们的喝彩。虽然在正统文人的眼里，这些粗俗不堪的词上不了台面，但这些词却有广阔的民间市场，在市井民间不胫而走，遍地开花，达到"凡有井水饮处，即能歌柳词"的地步。

这首描写爱情的词在思想上有明显的市民意识。北宋时期，商业经济的发展使市民阶层不断壮大，成为底层社会一支不可低估的新兴力量。新兴的市民阶层对封建礼教有强烈的反抗意识，敢于冲破"男女授受不亲"的传统观念。这些新的思想风貌反映到文人的诗词中，就是一股夹带着通俗率真、没有脂粉气的新鲜感，所以自然而然产生了《定风波·自春来》里女子的发声："镇相随，莫抛躲。针线闲拈伴伊坐。和我。免使年少，光阴虚过。"意外的是，这首优秀的俚词竟成为柳永入仕后改官的一块绊脚石。柳永暮年及第后，曾因改官受阻，找到当时有"宰相词人"之称的晏殊抱怨，希望能得到晏殊的同情和支持，使朝廷对他网开一面。

晏殊，字同叔，江西抚州临川人。自幼聪明好学，五岁时就能创作，有"神童"之称。宋景德元年（1004年），江南按抚张知白向朝廷推荐晏殊。次年，十四岁的晏殊与来自全国各地的数千名考生入殿考试。他沉着冷静，很快答完试卷。两三天后，在进行诗、赋、论的考试中，晏殊上奏实话实说："这些题我已经做过，请用别的题测试我。"宋真宗很欣赏他的才华和诚实，授其秘书省正事，留秘阁读书深造。

宋明道元年（1032年），晏殊升任参知政事，即副宰相，加尚书左丞。身居要位的晏殊为人耿介，唯贤是举，以向朝廷推荐贤能为己任，乐于奖掖人才。他在任地方官时，大办学校，培养人才，欧阳修誉其功绩为"自五代以来，天下学废，兴自公始，并非虚誉"。范仲淹、孔道辅、王安石等都出自其门下，韩琦、富弼、欧阳修等人也经他一手栽培、引荐，得到朝廷重用。

在北宋词坛上，晏殊与柳永是婉约词派两颗耀眼的明星。晏殊尤擅小令，风格含蓄婉丽。他的词吸收了南唐"花间派"和冯延巳的典雅流丽词风，《宋史》评其作品"文章赡丽，应用不穷，尤工诗，闲雅有情思"。写富贵而不鄙俗，写艳情而不轻佻。

金风细细，叶叶梧桐坠。绿酒初尝人易醉。一枕小窗浓睡。
紫薇朱槿花残。斜阳却照栏干。双燕欲归时节，银屏昨夜微寒。

晏殊《清平乐·金风细细》

秋风温柔地吹拂，梧桐树落叶飘飘。初尝香醇的美酒，很容易来了醉意，随意躺卧在小窗前沉沉睡去。

紫薇花和朱槿花已然凋零，但见夕阳斜照在雕栏楼阁上。燕子成双成对地飞过，南迁的季节快到了。镶着云母石的屏风，透着微微寒意。

品读此词，用笔轻灵，色调淡雅，宛如在舒适的秋景中和一位老友娓娓而谈。词人用精细的笔触描写风吹拂衰残的紫薇、木槿以及照在庭院中的斜阳余晖来营造氛围。主人公在小轩窗下望着天空中的燕子成双成对向南飞去，顿感银屏微寒。在这个冷清意境中，主人公心里有藏不住的淡淡忧伤。

这首词受到评论家的一致好评，是《珠玉词》中的名篇。上阕写昨晚醉眠，下阕写次日黄昏时分酒醒后的感受。全篇笔调精致，透着淡雅的情调，反映富贵高雅的文人在初秋时节特有的舒适感中掺杂着淡淡的无聊心境，那是一种细柔的、若有若无的情调，意境含蓄蕴藉。这是晏殊词特有的风格。晏殊以相位之尊，偶尔为小歌填词，得花间遗韵。北宋刘攽在《中山诗话》中提到："晏元献尤喜冯延巳歌词，其所自作，亦不减延巳乐府。"意思是晏殊的闲雅风格虽貌似冯延巳，但其华贵气象倒颇似温庭筠，但温词的明显标志是镂金错彩的华贵，晏词的华贵却不在外貌而在内涵。

晏殊在朝为宰相，政绩上并无多少建树，他最大的功绩是善于向朝廷荐贤。晏殊以提携人才为己任，但在这方面他也有自己的原则。当柳永找到晏殊后，二人甫一见面，晏殊问柳永："贤俊作曲子吗？"柳永回答："和相爷您一样，偶给歌伎唱的流行小曲填词。"晏殊听罢不悦，他看不惯柳永出入青楼的行为。在接下来的寒暄中，晏殊旁敲侧击的言语让柳永明白相爷在责备他。依柳永孤傲自负的性格，不大容易接受这个，他硬生生地回道："只如相公，亦作曲子！"言外之意是那又怎么样？晏殊也是个脾气刚直的人，厉声责备道："殊虽作曲子，不曾道'彩线慵拈伴伊坐'。"晏殊的意思是我虽写曲子，但不会写那种艳俗的东西。柳永知道这番沟通没有结果，只好悻悻离去。

晏殊和柳永同为北宋时期著名的婉约派词人，但不同的人生阅历使他们写出了不同的词风。晏殊十四岁参加科考，以"神童"之资被皇帝赐进士出身，官至宰相，故词风雍容闲雅。柳永五次科考，四次落第，一生落魄，流连烟花柳巷，对底层市井民众有深刻的同情和理解，他那直率露骨的词风很能迎合市井民众的审美趣味。明代文学家冯梦龙曾在《喻世明言》中贴切地总结了柳永及其作品在社会民众间的影响力："不愿穿绫罗，愿依柳七哥；不愿君王召，愿得柳七叫；不愿千黄金，愿得柳七心；不愿神仙见，愿识柳七面。"因此，柳永虽科场失意，却词名日隆，名气甚至盖过了有"词人宰相"之称的晏殊。

第四章

游宦区区成底事

宋仁宗在位期间,柳永不仅登科及第,还在多地出任官职,一度身披浩荡皇恩。一方面,他勤于政务,"抚民清静,安于无事",深受百姓爱戴;另一方面,他的内心被羁旅所苦,时常怀念流连于秦楼楚馆的岁月和那些钟情于自己的女子。他的事迹被后来的读书人演绎成一段段风流韵事。

桃花浪暖,竞喜羽迁鳞化

宋明道年间,柳永离京外出,游学求仕。当他取道陕西到达成都后,大有眼界洞开之感。西蜀之地物华天宝、人杰地灵,自古享有"天府之国"的美誉。蜀地居民多以育蚕为生,每至蚕季,交易兴盛。得天独厚的自然条件和丰饶的物产,使得成都的历任守官都好推游乐之风。宋代黄休复在《茅亭客话·卷九》中提到:"蜀有蚕市,每年正月至三月,州城及属县循环一十五处。"每逢蚕市,"太守即门外张宴"。漫山遍野,处处是穿红着绿的游人。唐代诗人韦庄曾作《怨王孙·锦里蚕市》一诗描述成都蚕市的盛况:"锦里蚕市,满街珠翠,千万红装。玉蝉金雀,宝髻花簇,鸣珰绣衣长。"蜀中风流,蚕市繁华,各方商人蜂拥而至,在此寻找商机,"商旅辇货而至者数万"。每年自正月元日起至四月中旬,皆为蜀人游赏之佳期,几无虚日。

蜀锦地衣丝步障。屈曲回廊,静夜闲寻访。玉砌雕栏新月上。

朱扉半掩人相望。

旋暖熏炉温斗帐。玉树琼枝，迤逦相偎傍。酒力渐浓春思荡。鸳鸯绣被翻红浪。

柳永《凤栖梧·蜀锦地衣丝步障》

上阕写环境，尚且有朦胧含蓄且温婉的美感；下阕则露骨地写两人的密室之亲，格调低俗。此词是柳词中典型的艳词，写的是一个富家公子前去与情人幽会的全过程。在这静悄悄的深夜，男子穿着质地柔软的丝绸衣衫，走过彩锦织成的地毯，到回廊深处幽会。玉兔东升，玉砌雕栏沐浴在如水一样的清辉中。那扇朱红色的门扉半掩着，情人在等待他的到来。

女主人公殷勤地把房子熏得香味缭绕，又把那张舒适的大床弄得很暖和。他们相拥在一起，在销魂的肌肤之亲中相依相偎。他们啜饮美酒，轻声细语地说着情话，末了，相拥着享受鱼水之欢，鸳鸯绣被像波浪一样翻滚。

宋景祐元年（1034 年）初，又是一年春如故。在和暖的春风吹拂下，汴京城内，新柳初生翠绿，葱茏十里，报春花怒放，处处可闻莺莺语声，大街小巷，香风阵阵。

嶰管变青律①，帝里阳和新布。晴景回轻煦。庆嘉节、当三五。列华灯、千门万户。遍九陌、罗绮香风微度。十里然绛树。鳌山耸、喧天箫鼓。

---

① 嶰管变青律："嶰管"是以嶰谷所生之竹而做的律本，相当于现在的定声器。《汉书·律历志》，"取竹之嶰谷，生其窍厚均者，断两节间而吹之，以为黄钟之宫。制十二箭，以听凤之鸣，其雄鸣为六，雌鸣为六，此黄钟之宫，而皆可以生之，是为律本"。"青律"，在我国古代神话中，青帝为司春之神，"青律"即青帝所司之律，意谓冬去春来。

渐天如水，素月当午。香径里、绝缨掷果①无数。更阑烛影花阴下，少年人、往往奇遇。太平时、朝野多欢民康阜。随分良聚。堪对此景，争忍独醒归去。

柳永《迎新春·嶰管变青律》

上阕以浓墨重彩的铺叙尽情渲染京城元宵佳节的热闹气氛。冬去春来，和风送暖，阳和之气弥漫在京城各个角落。温暖的天气在晴朗的日光召唤中重回大地。家家张灯结彩，京城成了彩灯的海洋。汴京城内聚集着欢度佳节的人群，绮罗丛中飘出阵阵香风。十里花灯如珊瑚般璀璨，美丽的假山挂满彩灯，笙歌箫管震天动地。

上阕写的大部分是元宵节的气候、灯景、乐器，而人则点缀在环境中，罗绮飘香，若隐若现，虚中有实。下阕采用山水画的疏笔来描写人们在元宵佳节这一天的欢乐。不知不觉已到深夜，空中地下水天一色。人们赏灯归来，开始各自寻欢作乐，大街小巷上的少男少女如痴如狂。夜深时，俊男美女三三两两走向路边的竹阴花影之下窃窃私语，谈情说爱。

此词说的"绝缨掷果无数"的故事，在此处已远远不是某一人之艳遇了，有艳遇的是"无数"之多。"少年人、往往奇遇"，后面的情景在这一句中回味无穷，少男少女，多少风流韵事，然乐而不淫，点到为止。这时的宋王朝天下太平，国强民富，百姓安居乐业，

---

① 绝缨掷果：绝缨，楚庄王宴群臣，日暮酒酣，灯烛灭。有人引美人之衣。美人援绝其冠缨，以告王，命上火，欲得绝缨之人。王不从，令群臣尽绝缨而上火，尽欢而罢。后三年，晋与楚战，有楚将奋死赴敌，卒胜晋军。王问之，始知即前之绝缨者。掷果，据《晋书·潘岳传》载，潘岳即潘安，乃古代十大美男子之首，与石崇、陆机、刘琨、左思等并为"金谷二十四友"。潘安每次出行，沿途妇女听说他来了，都想一睹他俊美的风姿。他的车子后面总是尾随着一大群妇女，甚至一些老妇人也跟在后面追逐，并争相往他车里投掷水果，表示爱慕之心，故有"掷果盈车"之说。

随处都有美好的聚会。写到最后，面对这番盛世景象，"争忍独醒归去"，柳永反问：这样的美景，怎么舍得独自离去呢？

这首词以铺叙见长，气氛热烈，浓淡相宜。据薛瑞生分析："全词疏密相间，真可谓'密不容针，疏能卧牛'"。用典精当，人物与景交融，在良辰美景中出现的人物栩栩如生，太平景象历历在目。

宋乾德三年（965年），宋太祖诏令开封府"三鼓之后夜市不禁"，此后汴京的夜生活变得五光十色、热闹非凡。到宋仁宗一朝，宋仁宗下旨允许居民临街开店，又给汴京的夜生活添了一把火，从此汴京市场通宵交易。在"金吾不禁"① 的元宵之夜，汴京城内火树银花，皇宫贵族、都民士女，都通宵达旦地纵情游览。唐代韦述在《西都杂记》中曾提到这一风俗："西都禁城街衢，有执金吾晓暝传呼，以禁夜行，惟正月十五夜敕许弛禁，前后各一日，谓之放夜。"在"金吾不禁"的元宵之夜，月亮如一轮玉盘，夜色如水，一泻无垠。在香气弥漫的小径上，烛影花荫中，或多情浪子，或痴男怨女，个个沉浸在机不可失的相遇中。

皇都今夕知何夕。特地风光盈绮陌。金丝玉管咽春空，蜡炬兰灯晓夜色。

凤楼十二神仙宅。珠履三千鹓鹭客。金吾不禁六街游，狂杀云踪并雨迹。

柳永《玉楼春·皇都今夕知何夕》

"皇都今夕知何夕。特地风光盈绮陌"两句采用问句领起，以一个初到京城的人的口吻对当地眼花缭乱的繁华与热闹进行询问，今

---

① 金吾不禁：原指元宵节及前后各一日，地方官取消宵禁，市民可终夜观灯。后来泛指没有宵禁，通宵都可出入。金吾，指秦汉时执掌京城卫戍事务的地方官。

天是个什么特殊的日子呢,为何京城的大街小巷都弥漫着美丽新奇的气氛?从而感叹此地不同于别处的风物人情。"金丝玉管咽春空,蜡炬兰灯晓夜色"两句对仗工整,用白描的手法极力渲染,金丝玉管和鸣,有如万马齐鸣,在京城的夜空飘荡。蜡炬兰灯照耀着,亮如白昼。从侧面反映了北宋开基百年来社会稳定、人民安居乐业的治世盛况。

"凤楼十二神仙宅。珠履三千鹓鹭客"两句是工整的对偶句,互文见义,从中可以看出京城风月场所的繁忙与热闹。词人挑选个别情景进行描绘,管中窥豹,让读者一睹北宋社会风气。遍布大街的青楼,灯红酒绿,大街上到处是游冶闲逛的妓女,她们像鹓鹭那样三五成群,金吾子们装聋作哑,任满街的妓女四处拉客。结尾"金吾不禁六街游,狂杀云踪并雨迹"两句意味深长,皇帝、大臣与民同乐,但从"三千"妓女遍布京畿的社会现实来看,一派歌舞升平之下,实则隐藏着一触即发的潜在危机。宋代自建国至宋仁宗时期,在浮华奢靡背后,已出现社会矛盾的端倪。

宋明道二年(1033年)三月,章献明肃刘太后染病,下令大赦天下。自宋乾兴元年(1022年)刘氏临朝以来被贬之人,包括寇准、曹利用等刘氏的政敌们都得到赦免,官复原职。刘太后寿终正寝,由章献明肃皇后刘氏垂帘听政的政治时期宣告结束。宋仁宗开始亲政,起用范仲淹、宋绶等人锐意改革,决心革除官僚队伍臃肿、行政效率低的弊端,缓解日益加重的社会危机。

宋景祐元年(1034年),宋仁宗开科取士。出于政治需要,宋仁宗欲加恩于士子们,特开恩科,对历届落榜的考生网开一面,尤其对年长的考生放宽录取尺度。据《宋史·志第一百八·选举一等》记载:"景祐初,诏曰:'向学之士益蕃,而取人路狭,使孤寒栖迟,或老而不得进,朕甚悯之。其令南省就试进士、诸科,十取其二。

凡年五十，进士五举、诸科六举；尝经殿试，进士三举、诸科五举；及尝预先朝御试，虽试文不合格，毋辄黜，皆以名闻'。"当年春闱，柳永与其兄柳三接同登进士榜。四十七岁的柳永早已过了风华正茂的年龄，二十余年科考生涯的辛酸和一朝登第的喜悦交织在一起，悲喜交集。

此次科考的高中状元者名叫张唐卿，故此榜也称"张唐卿榜"。殿试刚罢，柳永和其他新科进士按惯例赴琼林宴。琼林苑中，桃花盛开，春色宜人，近千名新科进士在状元张唐卿的带领下，成列而行，进入园内。顺天门大街禁卫林立，路旁观者如堵。

东郊向晓星杓亚。报帝里、春来也。柳抬烟眼，花匀露脸，渐觉绿娇红姹。妆点层台芳榭，运神功，丹青无价。

别有尧阶试罢。新郎君、成行如画。杏园风细，桃花浪暖，竞喜羽迁鳞化。遍九陌、相将游冶。聚香尘，宝鞍骄马。

柳永《柳初新·东郊向晓星杓亚》

在初春的京城内外，黎明前夜，北斗七星出现在京城东郊的天空上，仿佛是带给人们一个喜讯，春天来了。柳树在蒙蒙的雾气中张开了芽眼，美丽的蓓蕾以露水匀脸，噙着清晨的露珠迎风怒放。这两句拟人化的描写生动地描绘出一幅令人沉醉的初春晨景图。太阳升起来了，雾气消散，百花漫山遍野，姹紫嫣红，春回大地，生机盎然。在春风的沐浴下，郁郁葱葱的花草树木把高大的台榭装点得分外好看，大自然凭鬼斧神工将山河装点得美丽如画。

在这令人沉醉的美景中，新人出场了。朝廷恩宠新科进士，赐恩他们游览京郊御花园。只见他们个个俊美潇洒，气宇轩昂。写到此，人美景美，相得益彰。"杏园风细"三句用拟人化的手法，写出了琼林苑内别致的景象,御花园内,微风习习,桃花浪暖,新人鱼跃龙门。游完御花园,他们又结伴逛京城,真正是"春风得意马蹄疾,一日看尽长安花"。"桃花浪暖"看似指御花园的河水猛涨,实则暗喻新人高中进士。当他们结伴在京城策马奔驰时,所到之处"香尘"飞扬,把新科进士的得意情态描写得淋漓尽致。

此词传神地描写出柳永在初春景象的熏染下喜气洋洋的心态。全词情景交融,宛如一幅生动的新科进士宴游图,令人印象深刻。

转眼到了四月十八日,对新科进士来说,这一天的重要程度不亚于放榜那日。就在这一天,朝廷将宣布他们的去向。按宋朝惯例,状元可不经过选人而直接进入京朝官序列。但宋景祐元年(1034年)这一科,却破了先例。正奏名的五百零一人中,中了第一甲的全部跃过选人这一关,直接进入京朝官序列。显而易见,"是年天子待进士恩礼加于前后岁",这等恩礼即使是在宋仁宗一朝也很少见。据史书记载,这一科共取士一千六百四十人,是有宋以来最宽松的一次。第二甲为两使幕职官①,这才降为选人,但却位列选人最高等。第三甲为初等幕职官,为选人之第二等,其中包括防御推官、团练推官、军事推官和军判官,柳永正好在这一等,被差遣到睦州(今浙江省杭州市淳安县)做团练推官。

---

① 两使幕职官:宋代节度使、观察使州幕职官统称。

游宦区区成底事

年近五旬的柳永获得了入仕后的第一个职位,到睦州任团练推官。推官一职最早设置于唐代,是节度使、观察史的属下官员。到了宋代,所谓推官,实际上就是一郡的佐官。现在,柳永必须与以往出入烟花柳巷的生活做个了断,将纸醉金迷的秦楼楚馆、舞姿婆娑的歌伎划入他生活的另册。他舍不得与烟花柳巷的生活一刀两断,但现实由不得他。自恃才高的柳永心里有自己的盘算,此次离京赴任,权当是小试牛刀,等改官之后重返汴京,到那时艳遇与仕途便可两全其美。

睦州距汴京两千四百余里,柳永一路上水陆兼程,到达睦州时已是五月底。当时的睦州知州正是柳永景仰的北宋名臣范仲淹。作为一个政治家,范仲淹有慷慨兼济天下之抱负,政绩卓著;作为一个文学家,范仲淹反对宋初文坛的柔靡文风,主张文质相救、厚其风化的文学思想。范仲淹的散文作品以政疏和书信居多,陈述时政,逻辑严密,说服力强。名篇《岳阳楼记》中"先天下之忧而忧,后天下之乐而乐"为千古传诵的名句。

能与范仲淹共事乃一生之幸也，可是柳永的运气差了点，刚到睦州，上任不到半年的范仲淹就移知苏州，与新任知州吕蔚移交政事。新任知州吕蔚乃名门之后，是北宋名相吕端之子。

吕端，字易直，幽州安次（今河北省廊坊市安次区）人，后晋兵部侍郎吕琦之子，参知政事、尚书左丞吕馀庆之弟。生于官宦之家的吕端自幼好学上进，最初以其父的官位荫补千牛备身①。北宋建立后，历知成都府；宋太宗时，累拜右谏议大夫、参知政事；宋至道元年（995年）拜相。

吕端仪表俊秀，处事宽厚忠恕，为人沉稳，对朋友以诚相待，重义气、轻钱财，好布施。吕端历任朝内外官职，虽然没有惊天动地的伟绩，但有一项长处非常人能及，那就是颇识大体。早在吕蒙正为相时，宋太宗就有心重用吕端，可是当宋太宗打算任他为相时，却遭到了许多人的反对，说他"糊涂"。宋太宗是个有主见的人，根据多年的观察，评价其"小事糊涂，大事不糊涂"。

平时不显山不露水的吕端，喜怒不形于色，关键时刻却是个有勇有谋的果敢之人。宋至道三年（997年）二月，宋太宗病重，宦官王继恩与参知政事李昌龄、殿前都指挥李继勋、知制诰胡旦与宋太宗正妻李皇后暗中串联，企图发动宫廷政变，欲废太子赵恒，另立楚王赵元佐。宋太宗驾崩后，李皇后让王继恩到中书省告知吕端。吕端觉察到事情有变，危急时刻，他挺身而出，抽身出阁，反手将王继恩锁在中书省画阁中，并派人看守。这一举动相当于先抓了手眼通天的王继恩，缴了叛乱头子的械。然后他来到万岁殿，舌战李

---

① 千牛备身：高级禁卫武官，早在北魏时期就已出现。他们除了负责皇帝的安全外，还执掌御刀"千牛刀"。

皇后，以宋太宗生前的意愿据理力争，驳得李皇后哑口无言。他以刚直不阿之气势直接挫败了这次阴谋政变。之后，拥立赵恒后即位，是为宋真宗。赵恒即位后，太后垂帘引见群臣，吕端请求侍臣卷帘，亲自登殿看清楚新帝是赵恒后才退降殿阶，率群臣拜呼"万岁"。

柳永在汴京以写艳词闻名，但他并不是一个只会在烟花柳巷蹉跎的人，他的政治才干并不在填词才艺之下。吕蔚对柳永在汴京的名声早有耳闻，今日一见，这位新来的推官面目清癯，双目有神，虽年纪不小，仍是英姿勃发，毫无老气横秋之态，顿生好感。柳永在任上的作为也很让吕蔚佩服，推官为州、府属官，掌收发符，协理长官治本州公事。如此案头事务对柳永来说不在话下，他轻而易举把事情办得妥帖稳当。吕蔚很欣赏他的才干，出于爱才之心向朝廷举荐，申请为他改官。据宋代叶梦得在《石林燕语·卷六》中记载："祖宗时，选人初任荐举，本不限成考。景祐中，柳三变为睦州推官，以歌词为人所称。到官方月余，吕蔚知州事即荐之。郭劝为侍御史，因言三变释褐到官始逾月，善状安在，而遽荐论？因诏州县官，初任未成考不得举，后遂为法。"其中提到的郭劝是朝中御史，那一句"善状安在，而遽荐论"的反词语势凌厉，柳永的改官由于遭到御史劝谏而被卡住了。

改官本来就是一件难事，需要资历，但吕蔚爱才，以为凭借柳永在京城的名气，也许朝廷会特殊对待，但他的好心却让柳永经历了入仕以来的第一次波折，使他从走捷径重返京城的幻想中冷静下来。现在的柳永已不是风华正茂、意气用事的少年了，在他那自负而孤傲的性格中，对世事的洞悉使他褪去了早年的轻狂。

睦州境内的桐江是富春江的上游，风光旖旎，两岸山色青翠秀丽，江水碧绿。早在南朝时，吴均就在《与朱元思书》中描述了此地美景："自富阳至桐庐一百许里，奇山异水，天下独绝。"船行其境,如人行明镜中,"风烟俱净,天山共色。从流飘荡,任意东西"。那句"任意东西"不是一般的潇洒,是只有身心空灵的人才能达到的境界。柳永常来桐江边上,他已不是从前那个无官一身轻的文人,不可能"从流飘荡,任意东西",进入官场的他不管对目前这个职位满意不满意,都必须履行职责,尽心办事。

宋景祐二年(1035年),柳永在睦州的任期已满,调任余杭县令。睦州至余杭三百余里,柳永乘驿船由水路向余杭进发。一路上,群山苍翠欲滴,白鹭纷飞,桐江轻烟漠漠。途经严陵滩时,正是薄暮时分。突然下起一阵小雨,雨后桐江如洗,波色似染。柳永眼中的桐江既美丽又令他伤感,触景生情的他写下《满江红·暮雨初收》。词中有"念回程"之语,由此可知他非常思念汴京。

暮雨初收,长川静、征帆夜落。临岛屿、蓼烟疏淡,苇风萧索。几许渔人飞短艇,尽载灯火归村落。遣行客、当此念回程,伤漂泊。

桐江好,烟漠漠。波似染,山如削。绕严陵滩畔,鹭飞鱼跃。游宦区区成底事,平生况有云泉约。归去来、一曲仲宣吟,从军乐。

柳永《满江红·暮雨初收》

上阕开宗明义,定下"伤漂泊"的感情基调,下阕则陈述"伤漂泊"的具体内涵。换头①再以景起,上阕写泊舟,下阕写早行。宋代黄升在《唐宋诸贤绝妙词选》中认为,这首词"换头数语最工"。

傍晚时分,一场落雨刚刚停歇,桐江一片寂静,远行的航船泊入静静的江岸。对面的岛屿上,稀疏的水蓼笼罩着寒凉的雾霭,秋风拂过,芦苇萧萧作响。细品之下,不难看出词人由于心境落

---

① 换头:词作下阕开始处的句式与上阕起始不同的情况统称为"换头"。

宽,这片秋景在他眼里才会如此凄清。在几句静态描写之后,词人笔锋一转,出现了一幅动态的景象,以动景反衬静景。"几许渔人飞短艇"两句生动地写出江面上一片欢腾的场面,渔舟唱晚,渔船上闪烁着灯火,渔人们划着小船箭一般地驶向岸边,回归村落。这些富有生活气息的景象触动了词人的内心,撩起了他的思乡之情。与渔人双桨如飞、归家团聚形成鲜明对比,他乡之客单栖独宿,渴望着回归的路程,悬殊的境遇使他对漂泊生活感到伤怀、厌倦而且忧伤。

桐江美,清晨雾霭如轻纱薄雾,好似浸入水波之中。峰峦如削,严陵滩畔,白鹭飞翔,鱼虾跳跃,这些美丽清新的景象使词人心情大悦,一扫昨夜的忧愁。但欢娱短暂,词人很快又陷入低谷。眼前江山如画,鱼鸟自由,渔人团聚,但自己却似一叶孤舟漂泊,一年到头四海为家。"游宦区区成底事"之叹,道出了他身不由己的无奈。如此辛苦奔忙,到头来一事无成,何况早有归隐云山、与泉石相伴的心愿。想到此,他干脆痛快地说:"归去来、一曲仲宣吟,从军乐。"词人羡慕陶渊明躬耕田园的悠闲,劝慰自己不如归去,享受大自然和天伦之乐,可见他已经厌倦游宦生活了。

柳永一生仕途坎坷,很不得意。游宦生涯是他生活的主流,或许是亲身经历的缘故,柳永书写羁旅行役之苦有得天独厚的资源,成为写这类题材词作的高手。这首行役词节奏抑扬顿挫,从泊舟着笔,再从忆舟引发日后的打算。全词情景交融,脉络清晰多变,感情一波未平一波又起,读来有层峦叠翠之感,委婉曲折,荡气回肠。

《满江红·暮雨初收》在当时的睦州民间广为流传,深受百姓喜爱。北宋僧人文莹在其笔记体野史《湘山野录》中记述了这样一段逸事:"范文正公谪睦州,过严陵祠下。会吴俗岁祀,里巫迎神,但歌《满江红》，有'桐江好，烟漠漠。波似染，山如削。绕严陵滩畔，鹭飞鱼跃'之句。公曰：'吾不善音律，撰一绝送神。'曰：'汉包六合网英豪，一个冥鸿惜羽毛。世祖功臣三十六，云台争似钓台高。'吴俗至今歌之。"由此可知这首词在睦州民间的普及程度。

公余啸永，有潘怀县风

在余杭期间，柳永的私生活方面动静闹得最大的是他和谢玉英的传说，这是他到余杭赴任途经江州时的一次艳遇。南宋杨湜在《古今词话》中曾提到："柳耆卿尝在江淮倦一官妓，临别以杜门为期。既来京师，日久未返。妓有异图，耆卿闻之怏怏。会朱儒林往江淮，柳因作《击梧桐》以寄之……妓得此词，遂负媿竭产，泛舟来辇下，遂终身从耆卿焉。"

香靥深深，姿姿媚媚，雅格奇容天与。自识伊来，便好看承，会得妖娆心素。临歧再约同欢，定是都把、平生相许。又恐恩情，易破难成，未免千般思虑。

近日书来，寒暄而已，苦没忉忉言语。便认得、听人教当，拟把前言轻负。见说兰台宋玉，多才多艺善辞赋。试与问、朝朝暮暮。行云何处去。

柳永《击梧桐·香靥深深》

这首词很能代表"柳七郎风味",有故事,有情节。唐人的闺怨诗往往只截取一个细节或一个侧面,反映一时欢爱,而柳永这首词是从认识到分离,再延伸到相思,对心理过程的微妙之处写得很生动,有较强的叙事性。全词娓娓叙说词人与女子从相见、相知、相爱到别离的感情经历,字里行间满含对恋人的深情,又夹杂害怕恋人移情别恋的猜忌和怨意。

抹着香脂的脸上有一对深深的酒窝,姿容足以媚悦于人,天生丽质和高雅的气质都是老天的恩赐,这样娇媚的姿容让人一见倾心。刚认识就承蒙她的小心伺候,词人有一种幸福感。"会得妖娆心素",词人不光喜欢她娇媚的容貌,而且很理解她的内心情愫,与她已经到达心有灵犀的程度。带着离别的伤感,两人在分手的岔路上,泪眼蒙眬,执手山盟海誓。别离后,词人心底波澜起伏,整日忐忑不安,生怕有变。烟花之地,谁敢保证她的"同欢"之许、"相许"之言是靠得住的,故"未免千般思虑"。

下阕格调突变,由上阕两人浓情蜜意的山盟海誓变成冷静的琢磨。分别后的忧伤痛苦只换来她书信中的几句寒暄,没有令人怦然心动的绵绵情话。他忍不住胡思乱想,甚至想到最不愿意接受的结果,在别人的教唆下,她把以前的山盟海誓都辜负了。他伤心地说道,听闻兰台的宋玉善辞赋,他们的爱情本应该像楚王和巫山神女那般朝云暮雨、相爱极欢,可是行云的踪迹却飘忽不定。

这首词在结构上有过人之处,上阕以男子的口气叙说与女子过去的恩情和离别时双方的约定,表示出对再续前缘的隐隐担忧;下阕则以女子看到书信后的情感变化,对两人的盟约及对方的忠诚表示怀疑,故而有怨恨之意。有研究者认为:"细绎此词,有一点特殊处,即上片是男子的口气,而下片则转为女的声吻。通体读来,气息并未阻断。关键是'又恐'以下三句,即过片之处,已自然转换。

也就是说,'千般思虑'的是女子,而非男子。如此结构形态,一笔翻作两面,得尖新灵巧之趣。"

问题来了,词中的女子是谁?从野史和宋人笔记中推断,最大的可能是当时江州的一位歌伎。她姓甚名谁?有两位文学家创作过关于柳永与江淮歌伎的故事,从这两个版本中,且看剧作家们如何演绎柳永和那位歌伎的风流韵事。

元朝剧作家关汉卿的杂剧《钱大尹智宠谢天香》,剧中说柳永与歌伎谢天香相爱,但因他要赴京赶考,不得不暂别谢天香,恰逢他的老友钱可任开封府府尹,柳永便将谢天香郑重托附给钱可。从钱可的个人观念来看,很难接受柳永爱上一个歌伎,此公本来就是一个受传统观念影响很深的文人,且在朝廷任职,他哪里看得惯那些流落风尘的歌伎。可是当他看到谢天香之后,不禁为谢天香的才华和重情重义所折服,认可了他们二人的感情。为了让谢天香脱离烟花之地,钱可将谢天香从秦楼楚馆中赎了出来,娶了她。当然,这只是表面文章,实则是为柳永守护她。

时光如白驹过隙,转眼间三年光阴流逝,柳永高中状元归来,见钱可竟和谢天香成婚。至此,达到全剧高潮,矛盾冲突起伏跌宕,剧情在观众的提心吊胆中峰回路转。最后的结局是皆大欢喜,钱可在柳永愤怒的话中说清了原委,终于成全了柳永和谢天香的姻缘。

冯梦龙的《喻世明言·众名姬春风吊柳七》中,在细节安排上与关汉卿的版本不同。柳永上任余杭途经江州时,听说此地有一歌伎谢玉英,是宋仁宗时期江淮一带的名妓,尤其喜欢唱柳永词。他四处打听谢玉英的住处,而后上门拜访,谢玉英见他风流儒雅,邀他进了自己的书房。谢玉英的书房窗明几净,除了日用的竹榻、茶炉外,最引人注目的是床边挂着一把古琴,配以墙上的一幅名画,古色古香。一柱沉香在香炉中袅袅燃烧,房间里弥漫着令人沉醉的香气,花瓶中一枝水仙绿意盎然。柳永四处张望,只见谢玉英的书桌上有一本小册子,上面写着"柳七新词"几个字。柳永颇感意外,翻开册子,只见里面是一个个娟秀的蝇头小字,整齐地誊写着自己写的词作。他意味深长地问道:"这些词你从何处得来?"谢玉英回答说:"我喜欢柳七官人描情写景的逼真,他在《玉蝴蝶》里说'黯相望,断鸿声里,立尽斜阳',又在《雨霖铃》中说:'今宵酒醒何处,杨柳岸,晓风残月'。真正把情和景写得入木三分,妾身每读他的词,爱不释手,只是遗憾未能有幸亲见柳七官人一面。"柳永不禁怦然心动,笑答道:"你想认识柳七官人吗?眼前此人便是了。"谢玉英闻言大吃一惊,柳永从容地将自己赴余杭上任的事一一道来。接下来,柳永在谢玉英处与她缠绵了几日,二人大有相见恨晚之叹,但此时的柳永已身处宦海,由不得他随心所欲了。考虑到不能耽误赴任期限,他万分不舍地与谢玉英惜别,二人彼此盟约,相约后会有期。柳永表示在余杭任期满了之后,就携谢玉英一同返回汴京,长相厮守。谢玉英也信誓旦旦,从今以后,闭门谢客,只专心等待柳永他日践行白头之约。

　　不料这海誓山盟却成了一纸令人扼腕叹息的空约。柳永走后,谢玉英果然闭门谢客,但一年多后仍不见柳永的音讯,她不禁心生怨恨。她既然是江州名妓,门前自然车水马龙,恩客络绎不绝,她也需要挣银子来维系日常花销。与柳永的几夜露水恩情似乎不堪一击,又有好事者一旁撺掇,谢玉英在两难之间选择了放弃约定,重新接客。在诸多恩客中有一位新安的商贾之人孙员外,此人不但富有,而且风雅,颇得谢玉英欢心,二人很快坠入爱河。

　　话说柳永在余杭县令任上的三年任期已满,准备返京时,想起与谢玉英的约定,于是来到江州,不料物是人非。当他找到谢玉英的住处时,谢玉英正好陪孙员外到湖口看船去了。柳永扑了个空,知道谢玉英已负约,顿感惆怅万分,在花墙上赋词《击梧桐·香靥深深》,述说二人往日恩情,又表今日失约之不爽。他在词后写道:"东京柳永访玉卿不遇,漫题。"然后拂袖而去。谢玉英从湖口看船回来一见墙上的柳词,诵读之间泪流满面。她深叹柳七官人真是个多情才子,自愧未守前约,遂卖掉家产赶往汴京寻找柳七官人。

且说柳永重归莺歌燕舞的汴京城,与久别重逢的京城歌伎打得火热。这一日,柳永正与歌伎抚琴唱曲之时,突然有人来报美人来访。待来人近前,柳永定睛一看,竟是谢玉英。四目相对之际,往日情怀一言难尽,之后二人重修旧好。柳永安排谢玉英在东京名妓陈师师家的东院住下,而谢玉英也终身陪伴柳永。

此外,还有一款别调解释《击梧桐·香靥深深》的来历。在宋人笔记《醉翁谈录·柳耆卿以词答妓名朱玉》中,柳永初登仕路日,经过南剑时,在歌伎朱玉的馆中玩乐。朱玉"素闻耆卿之名",心里早生爱慕之意,好茶好饭侍候柳永。柳永在她的馆里待了数日,恰逢太守生辰,朱玉请柳永代写庆寿之词。"耆卿乃作词与之",待到寿贺当日,太守重赏了朱玉,并追问作者是何人,朱玉答说是柳七官人。太守对朱玉说:"见其词而想其人,必英雄豪杰之士,宜善待之。"后来,柳永与朱玉恩爱愈恰,"及耆卿解缆东去,临别,朱玉约以归日为款。及柳耆卿归,再访之,恰值朱玉有迎迓之役,柳意默默,遂书一小词于花笺之上以寄之,词名《西江月》"。在这个版本中,谢玉英变成了朱玉。

这些小说和戏剧作品,与柳永的真实经历相比,出入很大,也许个中细节确有其事,但整体来说,经过文学家的创作后,虚构演绎的成分偏多。

宋代朝廷对考功郎中、员外郎等官员的升迁褒奖有一套明文规定,据《宋史·志·卷一百十六》记载:"以四善、三最考守令:德义有闻、清谨明著、公平可称、恪勤匪懈为四善；狱讼无冤、催科不扰为治事之最，农桑垦殖、水利兴修为劝课之最，屏除奸盗、人获安处、振恤困穷、不致流移为抚养之最。通善、最分三等：五事为上，二事为中，余为下。若能否尤著，则别为优劣，以诏黜陟。凡内外官，计在官之日，满一岁为一考，三考为一任。"从这段话中可知，宋朝官员履职期间的绩效考量标准是很清楚的，"四善三最"加起来为七件事。在这七件事中，若能做到五件事，就被评为上等；做到其中两件事，就为中等；只能做到一件事，为下等。此外，如果做得特别优秀，特优者加擢；如果政绩特别差，就要降级使用或罢黜。

柳永在余杭县令上的政绩很出彩。据清代嘉庆年间修的《余杭县志》记载："柳永，字耆卿，仁宗景祐间余杭令，长于辞赋，为人曲雅不羁，而抚民清静，安于无事，百姓爱之。建玩江楼于南溪，公余啸永，有潘怀县风①。"这段县志对柳永的评价很高，他在任期间"抚民清静""安于无事"，这样的官员足称得上"百姓爱之"。

"建玩江楼于南溪"中的"玩江楼"有些来历。与柳永同时代的著名文学家欧阳修也是一生"绯闻缠身"，他在晚年时反省自己："三十年前，尚好文化，嗜酒歌乎，知以乐而不知其非也。"意思是说，那时候只知道玩得尽兴，哪里晓得什么是与非。柳永与欧阳修在禀性上有相同之处，即为人刚劲正直，见义勇为；私生活方面，两人也一样风流放任，和歌伎打得火热，喜欢写一些接近市民审美趣味的带"世俗之气"的词；同时，也都有恃才傲物的脾气。

---

① 有潘怀县风：西晋河阳县令潘岳，也称潘安，后迁怀县县令。潘岳任河阳县令时，发动民众在全境内遍植桃李，赢得河阳县"花县"之称，引得很多文人为之吟诵。唐代诗人李白有"河阳花作县，秋浦玉为人"之句，李商隐有"河阳看花过，曾不问潘安"之句。

宋天圣八年（1030年），宋仁宗亲自在崇政殿主持殿试，欧阳修唱十四名，位列二甲进士及第。时任主考官的晏殊后来说，欧阳修之所以未能夺魁，是因为他锋芒毕露，众考官有意挫其锐气，促其成才。吴越忠懿王钱俶之子、西京留守钱惟演曾是欧阳修的上司，当时，文坛上盛行华丽工整的骈文，钱惟演支持欧阳修等人推行"古文"运动，打破流行的柔靡拘谨的文风。钱惟演爱其才，厚待欧阳修等一干才俊，不让他们处理琐碎的公事，还公开放任他们吃喝玩乐。后来，钱惟演政治失意，被贬出洛阳，接替钱惟演的是名臣王曙。王曙比钱惟演严厉得多，对下属管束很严，看不惯这班人自由散漫的做派。一天，王曙把他们集中起来训话，说："你们看寇莱公（即寇准）这样的人，尚且因为耽于享乐而被贬官，何况你们这些在才能上比寇莱公差了一大截的人，怎么可以这样胡来呢？"欧阳修当即顶撞道："寇莱公后来栽跟头，不是因为耽于享乐，而是他大一把年纪还不知道退隐。"几句话把王曙驳得哑口无言。

宋仁宗时期，由于贫富差距拉大，北宋王朝积弱积贫的潜在危机开始露出冰山一角。宋仁宗亲政后开始施行范仲淹等人主张的改革，但改革触及贵族官僚的利益，范仲淹等人遭到无情打击。宋景祐三年（1036年），范仲淹被贬饶州。范仲淹被贬，朝中多论救，唯独司谏高若讷认为当贬，与范仲淹交往颇深的欧阳修写信斥责其"不复知人间有羞耻事"。高若讷向皇帝告状，将信递呈给皇上，皇帝看后大怒，将欧阳修贬为彝陵（今湖北省宜昌市）县令。欧阳修赴贬所途中到泗州时，应泗州张知州之邀，写下《先春亭记》。

景祐二年秋，清河张侯以殿中丞来守泗上。既至，问民之所素病，而治其尤暴者。曰："暴莫大于淮。"越明年春，作城之外堤，因其旧而广之。度为万有九千二百尺，用人之力八万五千。泗之民曰:"此吾利也,而大役焉。然人出于州兵,而石出于南山。作大役而民不知,是为政者之私我也。不出一力而享大利,不可。"相与出米一千三百石以食役者。堤成,高三十五尺,土实石坚,捍暴备灾,可久而不坏。

既曰:"泗,四达之州也,宾客之至者有礼。"于是,因前蒋侯堂之亭新之。为劳饯之所,曰"思邵亭",且推其美于前人,而志后人之思也。又曰:"泗,天下之水会也,岁漕必廪于此。"于是治常丰仓。西门二夹室,一以视出纳,曰某亭;一以为舟者之寓舍,曰"通漕亭"。然后曰:"吾亦有所休乎!"乃筑州署之东城上,为先春亭,以临淮水,而望西山。

欧阳修《先春亭记》(节选)

文中所说的"先春亭"可视为"玩江楼"的先声。柳永在余杭任上时,深秋的一天,拿出这篇《先春亭记》与属下分享。大家阅罢,同声说好。县尉说:"自柳大人来到余杭,政通人和,百业俱兴,唯美中不足,欠一'先春亭'耳。何不在城内制掣处建一楼观乎?既可供市民休憩,也可供过往官员或商贾游览。"这话正中柳永下怀,他早有此意,并且成竹在胸,于是说:"我亦有意如此,就定在城内通济桥南如何?"宋景祐四年(1037年)春,楼已竣工,柳永见此楼下瞰苕溪,便题名"玩江楼"。落成当天,百姓倾城而出,乐工营妓聚集楼上,一时鼓乐齐鸣,热闹非凡。以后每逢旬休,柳永便与同僚登楼饮唱,好不乐哉。

玩江楼自此成为当地百姓的游览胜地,于是有了一段"柳耆卿诗酒玩江楼"的佳话。经过文人们的添油加醋,这段佳话最后演绎成肉麻的男女情事,柳永的形象也在好事者手中像泥人一样,被任意捏成他们中意的模样。还有作者以柳永为一介风流才子为背景,杜撰出跟柳永毫不相干的风流韵事。

> 宋余杭名妓周月仙，意态丰采，精神艳冶，尤工词翰。柳耆卿，东京才子，年甫二十五岁，来守兹郡，造玩江楼于水浒，每召月仙至楼上歌唱。柳欲私之，周拒而不从。柳访知与隔渡黄员外情密，每夜用舟往来。柳命舟人淫辱之，舟人听命。一晚，见月仙独下舟渡河，舟人强淫月仙，月仙不得已从之，惆怅作一绝云："自叹身为妓，遭淫不敢言。扁舟明月渡，懒上载花船。"次日，柳排宴于玩江楼，召月仙佐酒，令舟人在旁。酒半，歌月仙之诗。月仙惶愧拜谢，与耆卿欢洽。耆卿大喜而作诗曰："佳人不自奉耆卿，却驾孤舟犯夜行。残月晓风杨柳弄，肯教辜负此时情。"月仙谢耆卿而归，耆卿因此自损其名。

明·彭大翼《山堂肆考·卷一百一十》

故事的结局令人啼笑皆非，遭受柳永如此凌辱，周月仙反倒"谢耆卿而归"。在这个故事里，柳永的形象完全是个下流的人，这与其他书籍史料中的柳永形象相去甚远。作者在年龄设定上也做了较大改动，柳永年届五旬才及第，后到余杭任职，但故事中却说"年甫二十五岁，来守兹郡"。柳永虽然是个风流才子，但为政还是谨遵朝廷规范的。在他浪荡不羁的个性中，还有一个闪光点，就是同情弱者。鉴于此，后来有人唱对台戏，将抹黑柳永形象的故事改头换面，赋予了柳永正人君子的形象，比如冯梦龙写的《众名姬春风吊柳七》。

话说柳永到余杭上任，为官清正廉洁，勤政爱民，使当地民间争讼大为减少。每逢处理政事闲暇，他便在山间登高游玩，赋诗饮酒。对风流儒雅的柳七官人，余杭县内的几家歌伎自然心甘情愿轮流侍候柳永。众多歌伎中,有个芳名为周月仙的歌伎,与众不同,不仅貌美,而且有才。一天,轮到周月仙侍候柳永,在饮酒作乐、唱曲赋诗时,柳永发现周月仙眉宇间有忧愁之色。于是,暂停饮唱,柳永关切地问她是何缘故,她先是低头不语,继而泪如泉涌,挂满粉腮,叫人顿生怜爱之心。柳永再三追问,才知其中隐情。原来周月仙与一黄姓秀才情投意合,有意托付终身。无奈黄秀才家境贫寒,拿不出聘礼,周月仙便铁了心要为黄秀才守节,誓不接客。老鸨觉察有异,严厉盘问,周月仙咬紧牙关不说,老鸨不好狠心逼问,只好睁一只眼闭一只眼,放任自流。

黄秀才家与周月仙家中间隔着一条大河,每天夜里,周月仙渡船过河,与黄秀才约会、互诉衷肠,拂晓时分再回来。同县有个刘员外,垂涎周月仙的姿色,很想亲近她,但周月仙看不起他,为此特意作诗一首:"不学路傍柳,甘同幽谷兰。游蜂若相询,莫作野花香。"周月仙鲜明的态度让刘员外知道他的非分之想不可能实现了,于是用银两买通舟人,吩咐他夜里把船撑到无人处强辱周月仙。舟人贪财,言听计从,趁周月仙渡河之机把船撑到一片芦花深处。周月仙见在夜深人静之时身处僻静之所,自知难以脱身,无奈只能任其摆布。事毕之后,无限恼恨的周月仙赋诗一首:"自恨身为妓,遭污不敢言。羞归明月渡,懒上载花船。"

那舟人是个无耻之徒,私下记住了周月仙的诗,并且告诉了刘员外。刘员外喜出望外,赏了舟人一锭银子,然后派人邀请周月仙到家中饮酒作陪。酒至半酣,刘员外开始调戏周月仙,周月仙不从,刘员外拿出一把扇子,扇面上题有四句诗,正是周月仙那晚所吟之诗。周月仙大惊失色,自觉无处容身,只得从了刘员外。从此刘员外天天夜里来周月仙家过夜,硬生生地阻拦了周月仙与黄秀才的约会。

黄秀才虽有才有貌，但不敌刘员外手头有钞，老鸨喜欢刘员外的钱，很满意刘员外与周月仙往来。周月仙心里放不下黄秀才，但又不能与之相见，整日闷闷不乐。流连秦楼楚馆多年的柳永对歌伎深怀同情，怎能容忍刘员外之流的恶人欺凌弱者。柳永当即叫来老鸨，以八十千钱的身价为周月仙赎身，又派人将黄秀才请来与周月仙相见，让他领着周月仙回去拜堂成亲，成全了一对才子佳人的姻缘。

　　在以上两则故事中，前者把柳永说成无恶不作的昏官，欺男霸女；后者把柳永说成一个成人之美的好官，一个风度翩翩的正人君子，让"刘员外"取代了前一个故事的"柳永"。正史没有记载柳永的生平事迹，只能从野史或散见于民间的笔记来考证。从他如断梗浮萍般漂浮不定的一生中，大致可以梳理出相对可信的三点：第一，柳永才高自负；第二，柳永生性风流，喜欢流连烟花柳巷；第三，柳永性情耿直，聪敏有余而圆通不足。从任职期间的记载来看，柳永颇有政治抱负，而且有所作为，他不仅是一个在创作上有极高天赋的文人，而且是一个难得的吏治人才。

太平相业尔惟盐,化作夏商周时节

余杭与仁和相邻,由于无耕地,居民大多为煮盐户,称为"亭户"。此地距海较远,当地人以"刮碱淋卤"之法煮盐,非常辛苦。盐民自每年四月开始刮碱淋卤,直到八月乃止,六月正当酷热难耐之时,却正是刮碱淋卤的好时机。

一天清晨,柳永带着主簿、衙役等人走出县城,直奔县东盐场集中之地。到了盐场,那种百姓苦的场面恐怕柳永一辈子都不会忘记。只见盐场上男女老幼都有,青壮年将含盐的泥土铺展在广阔的场地上,然后从含有盐分的水池中挑水浇在泥土上。老人孩子则手拿木耙子来回搅动,使洒在烈日下的水分早点蒸发。周而复始,浇了洒,洒了浇,直到泥土中的含盐量达到饱和。再将这些泥土收集起来,垒成小山状的盐堆。一眼望去,水池与盐包交错,如同水绕岛屿。等这些盐包垒成之后,几位身手不凡的小伙子便将用莎草编织好的苫子用力一抛,将盐包苫住,这是一项辛苦而有技术含量的活儿,没有力气摞不上去,没有技巧则抛不开。柳永问他们为何还要苦住，亭户们说如果不苦住，大雨一来就会冲走盐分，此前就白忙了。这一阶段的工作叫"种盐"。不觉两个时辰过去，盐总算"种"好了，柳永一行人早已是大汗淋漓。再看赤身露臂的盐民，个个汗如雨下。

柳永不经意抬头往上一瞧，看见高处有几间茅屋，那就是煮盐的地方，现在还没到煮盐的季节，得等到秋后。煮盐之前，盐民要全民出动，青壮年进山砍柴以备煮盐之用，孩子们则留在场上，妇女们将岛屿上的盐土装进筐里，运到茅屋旁边的空地上，围成一个个土锅，再从盐池里挑来盐水注入锅中，等盐分充分浸入水中，点火开煮，一直煮到盐层加厚，最后成型。煮盐的时候，柳永亲临现场，与盐民交谈。他问那些老盐民一年有多少收入，老盐民的回答辛酸至极："不瞒大人说，一年到头如果全家人能糊口，就算是好年景了。这些年，官租、私租多如牛毛，不背一身债务就算万幸了。"

回来的路上，柳永沉默不语。如何才能减轻盐民的负担呢？出路只有一条，那就是废除官买官卖。但这又涉及有宋以来的一贯制度，远非想得那么简单，而且他人微言轻，以当前的地位而言，他只是一个选人，没有上封言事的资格，所以只能赋诗一首，抒发内心的郁闷。

> 鬻海之民何所营，妇无蚕织夫无耕。
> 衣食之源太寥落，牢盆鬻就汝输征。
> 年年春夏潮盈浦，潮退刮泥成岛屿。
> 风干日曝咸味加，始灌潮波增成卤。
> 卤浓咸淡未得闲，采樵深入无穷山。
> 豹踪虎迹不敢避，朝阳出去夕阳还。
> 船载肩擎未遑歇，投入巨灶炎炎热。

晨烧暮烁堆积高,才得波涛变成雪。
自从潴卤至飞霜,无非假货充糇粮。
秤入官中得微直,一缗往往十缗偿。
周而复始无休息,官租未了私租逼。
驱妻逐子课工程,虽作人形俱菜色。
鬻海之民何苦辛,安得母富子不贫。
本朝一物不失所,愿广皇仁到海滨。
甲兵净洗征输辍,君有余财罢盐铁。
太平相业尔惟盐,化作夏商周时节。

柳永《鬻海歌》

此诗可分为两层,首句"鬻海之民何所营"到"虽作人形俱菜色"为第一层,余下为第二层。

在第一层里,柳永怀着对盐民的深切同情,用饱含感情的笔端写下他们艰辛的生活状态。海边的盐民,女不养蚕织布,男不耕田种地。他们靠什么谋生?衣食来源匮乏,只能靠熬盐来缴纳赋税。接着,用铺叙的手法层层再现盐民辛劳的制盐过程,每当春夏两季到来,潮涨潮落,他们便开始忙碌,在潮水退去的海滨,将含盐的泥土搜刮起来堆在一处,盐泥在风吹日晒下沉淀盐质,然后在上面灌上海水,淋出盐卤。盐卤比海水的含盐度高得多,但与盐相比,又显得寡淡。盐民不敢停歇,他们要进入深山砍柴火。明知深山虎豹横行,也不敢畏缩不前,必须壮着胆子日出而去、日落而归,船载肩扛,没有片刻歇息。砍回来的柴被投进巨大的火炉中,燃起熊熊烈火。炉火从早到晚不间断地燃烧,直到海水变成雪白的盐,盐垛堆积如山。从聚集成盐卤到熬制成盐,中间的过渡时期无盐可卖,盐民们的生活难以为继,唯一的办法就是靠借贷度日。熬制好盐后,官府以低价收购，盐民所得回报甚少，即使如此，他们的首要问题仍是还清债务。当地的高利贷压死人，借一缗要还十缗。刮泥、淋卤、砍柴、熬盐，周而复始，盐民们一年到头不得歇息。赋税还未缴齐，高利贷又上门逼债。为了制盐挣钱，男人们不得已将老婆孩子也驱赶出去干活。因为食不果腹，一家老小瘦得不成人形，面带菜色。"豹踪虎迹不敢避"，这句危险丛生的话叫人闻之脊背发凉，但为了进山砍柴火，他们壮着胆子置生死于不顾。为了生计，明知山有虎，偏向虎山行。"投入巨灶炎炎热"，写出盐民煮盐时冒着酷热的辛苦场面。劳动艰辛还不足以道尽盐民的苦难，后面更让人唏嘘不已。在官租、私租的双重压迫下，挣扎在贫困线上的盐民几乎没有活路，他们辛苦劳作却不能糊口，因为吃不饱，"虽作人形俱菜色"。

在第二层中，柳永提出一个严肃的社会问题。以"鬻海之民何苦辛，安得母富子不贫"二句将官府与百姓喻为母子。盐在宋代是官府规定的专卖产品，一律低价收购，因而官府成了盐民最凶狠的盘剥者。这是此诗最富有思想意义的内容。后面的"本朝一物不失所，愿广皇仁到海滨。甲兵净洗征输辍，君有余财罢盐铁"四句，明显可以看出，柳永为民请命，大胆鼓呼。煮海的盐民何其辛苦！如何才有一计良策使国强民富？朝廷办事为何招招失策？但愿皇恩浩大，能惠泽海滨盐民。他希望停止战争，废除盐民纳税。国无战事时，减少军费开支，待国库有了盈余，财政便可罢免盐铁赋税。作为官吏，柳永深知朝臣贤愚的重要性，所以把希望寄托在当朝宰相身上，说"太平相业尔惟盐，化作夏商周时节"。宰相的治国之道就如调味的盐一样，可以辅佐国君，使国家中兴，重现夏商周太平盛世。治国就像烹饪，宰相即为调味的作料。只要宰相辅佐皇帝治国有方，恢复"三代治世"指日可待。到那时，盐民便可安居乐业了。

这首诗反映了盐民悲惨的生活状况,并追究这一社会现象的根源,表达自己去兵、辍征和罢盐铁的主张,希望能被朝廷采纳,为解脱百姓之苦尽一份力。全诗结构严谨,层次井然有序,写出了以"鬻海"为业的盐民煮盐的艰辛,以及他们在官租、私租的双重盘剥下挣扎求生的苦难。最后八句是柳永的政治见解,在揭露社会现实的黑暗方面,颇有杜甫、白居易为民疾呼的风骨与热肠。柳永通过盐民的苦难生活引出一番政议,很有曲终奏章的讽谏意味。在艺术手法上也很有特色,写盐民煮盐的劳动场面,采用的是铺叙手法;写官租、私租、高利贷的盘剥之重,用的是寓论断于叙事之中的手法,官税苛政猛于虎,以入官盐价之低的事实揭露封建剥削的残酷。前者引发社会对盐民的同情,后者激起人们的不平。其洞悉民情、直言讽喻的程度,在柳永的诗词乃至同时代其他文人的创作中都可称翘楚。

宋景祐三年(1036年)夏,柳永在余杭县令的任职期满。一纸调令,让他前往泗州担任判官,柳永选择水路前往赴任。泗州与楚州东西相邻,从水路沿运河北上,必经楚州,故曰"淮楚"。

淮楚。旷望极,千里火云烧空,尽日西郊无雨。厌行旅。数幅轻帆旋落,舣棹兼葭浦。避畏景,两两舟人夜深语。

此际争可,便恁奔名竞利去。九衢尘里,衣冠冒炎暑。回首江乡,月观风亭,水边石上,幸有散发披襟处。

柳永《过涧歇·淮楚》

这是柳永前往泗州途中所作。路途尚远,极目眺望亦遥不可及。烈日炎炎,火烧云蔓延千里。西郊整日不见一滴雨,我已经厌倦了这种行役宦游的生活。河面上,只见几艘船轻帆徐落,泊近长满芦荻的岸边,躲避那令人生畏的烈日。舟人两两窃窃私语,直至深夜。

此时该怎么说呢,只是不愿奔着那名利去竞逐,不愿为那长安九街的脸面而忍受这炎热酷暑。回想余杭水乡,月下亭中花影移动,水边石上玩赏景物、散发披襟,是何等的惬意啊!

在泗州任上,公务闲暇之余,柳永有时也到淮河边休憩赏玩。正值夏季荷花盛开之时,渔村里的采莲女子划着画船,穿梭在江面上,她们轻盈的身姿和清亮的歌声,与秦楼楚馆的歌伎大相径庭,具有别样风情。

淮岸。向晚。圆荷向背,芙蓉深浅。仙娥画舸,露渍红芳交乱。难分花与面。

采多渐觉轻船满。呼归伴。急桨烟村远。隐隐棹歌,渐被蒹葭遮断。曲终人不见。

柳永《河传·淮岸》

夏日傍晚的淮岸边荷花绽放,深浅不一的各色花朵隐在圆阔的荷叶中,或在正面,或在背面。年轻女子们划着画船采莲,穿梭其间,与红花共乱江面。岸上的人难分何者是女子,何者是花。

渐渐地,采莲女采得的莲子装满画船,荷丛中响起了采莲女呼朋唤友的声音。只见她们在烟波中急速地划动船桨,朝着远方雾霭笼罩的村落驶去。青苍的芦苇遮挡了我的视线,依稀可辨采莲女引棹而歌,直到渔歌终了,曲终人不见。

淮河两岸的诗情画意与汴京城里的莺歌燕舞各有滋味。汴京烟花柳巷的生活,在柳永的个性中留下深深的烙印,那就是特别喜好喧哗震天的热闹劲儿。总之,他不是陶渊明式的耐得住寂寞的人。

骤雨新霁。荡原野、清如洗。断霞散彩,残阳倒影,天外云峰,数朵相倚。露荷烟芰满池塘，见次第、几番红翠。当是时、河朔飞觞①，避炎蒸，想风流堪继。

晚来高树清风起。动帘幕、生秋气。画楼昼寂，兰台夜静，舞艳歌姝，渐任罗绮。讼闲时泰足风情，便争奈、雅欢都废。省教成、几阕清歌，尽新声，好尊前重理。

柳永《玉山枕·骤雨新霁》

上阕从写景转入抒怀，一连串的景物描写尽显词人铺陈的功夫。雨后初晴，放眼望去，经过雨水荡涤的荒野焕然一新；空中残霞灼灼，绚丽无比，残阳倒映水中，如诗如画。天外云气氤氲，恍若山峰相连；带雨芰荷铺满池塘，一阵暴风骤雨，转瞬只有几枝落花。此情此景，不禁使人有恍若隔世之感。遥想当年魏文帝曹丕的河朔痛饮之景，若是此时把酒痛饮，恐怕也能还原魏文帝的风流前韵。

下阕以晚来风急过片到与歌伎的两下相思，回忆自己从前与心仪之人度过的美妙时光。傍晚时分，呼啸的大风在高大的树木间肆虐，吹起了帘幕，秋天的肃杀之意乘隙而入。想那远方的佳人，白天她在高台楼榭中孤单寂寞，夜晚我在兰台备受煎熬，妖冶的舞蹈和靡丽的歌声使我渐渐沉迷美色。讼阁清闲，时间绰绰有余，沉醉于男欢女爱，竟废弃了与她的美好约会，很是无奈。曾经教会她几阕清丽的曲子，全是新作，为的是让她在与我对酒欢饮时重新唱起。

在这个时期，柳永还写下一首传诵千古的名篇《八声甘州·对潇潇》：

---

① 河朔飞觞：引自三国魏曹丕《典论》，"大驾都许，使光禄大夫刘松北镇袁绍军，与绍子弟日共宴饮。尝以三伏之际，昼夜酣饮，极醉，至于无知。云以避一时之暑，故河朔有避暑之饮。"后以"河朔饮"指代夏日避暑之饮或酣饮。

对潇潇、暮雨洒江天,一番洗清秋。渐风霜凄紧,关河冷落,残照当楼。是处红衰翠减,苒苒物华休。唯有长江水,无语东流。

不忍登高临远,望故乡渺邈,归思难收。叹年来踪迹,何事苦淹留。想佳人、妆楼颙望,误几回、天际识归舟。争知我,倚栏杆处,正恁凝愁。

柳永《八声甘州·对潇潇》

上阕以写景为主,但景中有情,由高到低,由远及近,层层铺叙,大自然浓郁的秋之肃杀之气与词人内心悲哀之情尽入笔端。词的起首是一幅悲秋的景象,契合了柳永登高临远遥望故乡而产生的悲凉之感。先写雨后秋景,柳永伫立江边面对傍晚秋江雨景的画面,薄暮细雨洗涤了清冷的残秋。读来让人仿佛听到了淅淅沥沥的雨点声,看到了飘飘洒洒的雨点动态。这个景象渗透了柳永深沉的感情。渐渐雨散云收,秋风一阵紧似一阵,山河冷落,余晖映照江楼。秋风寒,柳永的心也是冷的;关河冷落,他的心也是寂寞的。视野内,残阳笼罩着大地,景色苍茫辽阔,深秋雨后这幅悲凉的图景因为那片血红的残阳而带上悲壮的色彩,令人不胜伤感。接着,笔锋从高处转向低处,一片花残叶凋,满目凄凉,曾经美好的景色已成过眼云烟。万物凋零的景象,正是柳永无法排解内心悲哀的写照。这两句既是景物描写,也是抒发心情。自然界的变化就像一个小小的引子,最容易引发客居他乡之人的内心感慨。"唯有长江水,无语东流",柳永没有明说自己复杂的心境,而是借用昼夜不息的流水暗喻韶华易逝。在这个清秋薄暮时分,漂泊生涯的无奈和思念情人的煎熬,使读者感受到他漂泊江湖和仕途失意的悲慨。

下阕由写景转入抒情。他登高眺望那渺茫遥远的故乡,归心似箭,难以抑制。连年四处奔波,只留下一声叹息,为什么要苦苦滞留他乡？登高远眺的意图是为了望故乡，但故乡太远望也望不到，故"望故乡渺邈，归思难收"可视为全词的中心。接下来，柳永扪心自问：落魄江湖、淹留他乡的苦楚到底是因为什么？不难看出，这句有问无答的话带着恨意，发泄了有家难归的悲哀。一个"叹"字传达出内心百转千回的思绪和四顾茫然的神情，生动而传神。转而又从对方的角度来写，想她正登上华丽的阁楼凝望远方，一次次错把来往的船只当作心上人的归舟。层层剖述，婉转深曲，写出两地思念之苦，与上阕寂寞凄清之景象遥相呼应。结尾处的"争知我"三句，亦真亦幻，仿佛真有其事：你哪里知道，我正倚着栏杆，也是这般愁肠百结。

全词语言浅显，写景抒情交融，呼应灵活，首尾照应，很能体现柳词的艺术特色。此词表达了柳永的羁旅之苦和强烈的思归之情，写出了封建社会知识分子怀才不遇的典型感受。此词章法结构细针密线，以铺叙见长，白描手法加上通俗的语言，将柳永内心纷繁的意绪表现得明白晓畅，犹如"常山之蛇，关节响应"[①]。柳词铺叙而不散漫，于此可见一斑。晚清词人郑文焯认为："柳词本以柔婉见长，此词却以沉雄之魄、清劲之气，写奇丽之清。"据宋代赵令畤在《侯鲭录·卷七》记载，东坡云："世言柳耆卿曲俗，非也。如《八声甘州》云：'风霜凄紧，关河冷落，残照当楼。'此语于诗句不减唐人高处。"词中佳句颇多，由此跻身千古传诵名篇之列。

[①] 常山之蛇，关节响应：来源于《孙子兵法》，"故善用兵者，譬如率然。率然者，常山之蛇也。击其首则尾至，击其尾则首至，击其中则首尾俱至"，形容灵活自如。

凤池归去，那更重来

　　柳永在泗州任上干了不到半年，大约在宋景祐四年（1037年）十一月，泗州守张侯就告诉柳永明年春改官的消息，让他将公事做个交代，准备启程回京。柳永目前只是一个"选人"，通俗来说，就是低级官员。只有经过改官，跃上京官或朝官那一级，才有舒心的好日子，不然就只能在选人这一级蹉跎年月。北宋苏洵在《上韩丞相书》中分析道："凡人做官，稍可以纾意快志者，至京朝官始有其仿佛耳。自此以下者，皆劳筋苦骨，摧折精神，为人所役使，去仆隶无几也。"在宋代，改官是个难以逾越的关口，被称为第二次"跃龙门"，比第一次"跃龙门"中进士还要难，有人终生没有跳过改官的龙门，被叫作"老死选调"。因为改官难以逾越，难免制久弊生，有的选人为顺利越过这一关，不惜贿赂吏部官员与举主，以致乱象丛生，有的举主贪赃枉法不据实举荐，也有刑部不严格审察放过有赃罪过失者，等等。汴京城里的烟花柳巷是柳永的"安乐窝"，既要做官又能与歌伎厮混，改官进京是最好的途径，免得在这低级官员的职位上劳筋苦骨，一日又一日过得不舒坦。

柳永在泗州任上时，除了辅佐郡守以外，必须积极为自己的改官做准备，请举主写推荐书。什么叫"举主"？通俗地讲就是推荐人，而且必须具备一定的资质。宋仁宗朝时，要有三名举主，其中一人必须是监司（漕司、宪司、帅司的合称）长官。柳永的举主是哪些人，无从查考，从一些史料来推测，吕蔚应该是他的举主之一。柳永在睦州任上有一年时间，吕蔚很了解并且欣赏他。还有一点很关键，宋仁宗一向器重功臣之子，由吕蔚做柳永的举主，宋仁宗会另眼相看。第二位举主应该是两浙路安抚使兼杭州府知府俞献卿，作为柳永的顶头上司，俞献卿也很了解柳永。此外，还有一个原因，俞献卿曾经因为反对宋真宗佞道而遭数次黜落，度过了很不得意二十余年。所以，他对当年也曾反对宋真宗佞道的柳永，有"同是天涯沦落人"之感。俞献卿也是一位文学成就较高的官员，与柳永可谓志同道合，柳永请他来做举主，想必他不会推辞。第三位举主最大的可能性就是泗州守张侯，柳永在泗州任上时，是张侯的得力辅将。

有宋一朝，改官需经"三任六考"，即官员至少得在基层干满六年，才有改官的机会。"三任六考"的弊端在于由于改官录取的人数很少，等待的时间又长，很多人等了大半辈子也没轮上改官，造成冗官扎堆。所以，宋仁宗天圣年间，将改官法度简化，只要满足地方从政四年的条件就能得到改官的机会。柳永在基层不到四年便遇到这个天赐良机。为了杜绝改官过程中舞弊，改官时皇帝要亲自召见，对选人、举主、吏部和刑部的审查严格把关。宋宝元元年（1038年），柳永改官非常顺利，经过宋仁宗亲自召对之后，超擢为著作郎，差遣西京陵台令。

"陵台"即皇家陵墓前祭祀用的台子，后来成为帝王下葬之地的代称。陵台令的职责是管理帝王陵寝。宋真宗之前，宣祖（赵弘殷）、太祖、太宗的陵寝都在巩县永安镇（今河南省巩义市南），合称"三陵"。此后，北宋帝王先后都葬于此。既然是帝王葬所，当然不能等闲视之，于是，永安镇从巩县独立出来，升格为永安县，后来逐步扩大，官员品级不断提高，成为从六品建制。按宋朝官制，大州通判为正七品，中下州通判为从七品，而陵台令已至从六品。柳永改官著作郎后就被授予这样的官职，在宋仁宗一朝也很少见。

这当中也不能说没有原委，宋仁宗时，对选人改官之事审查极为严格，朝内的御史言官只要"风闻言事"，就直接进谏弹劾，根本不做必要的调查研究。柳永顺利改官不是他本人有什么手段，估计有两点是他顺利改官的密码。首先是他在余杭任上的好名声，"抚民清静，安于无事，百姓爱之"，甚至"有潘怀县风"，这样的政绩是很让宋仁宗满意的。其次，柳永在汴京词名极盛，即便是高高在上的皇家，也常收集他的词。比如，宋代陈师道在《后山诗话》中记道："柳三变……作新乐府……天下咏之，遂传禁中。仁宗颇好其词，每对酒，必使侍从歌之再三。"宋仁宗喜欢柳永的词到了"每对酒，必使侍从歌之再三"的地步，说宋仁宗宠幸柳永的才华也不为过。陵台令是个清贵的职位，官职高，但清闲，美中不足的是任职地点不在汴京，而在河南永安县，也就是说，柳永必须离开夜夜笙歌的汴京，到西京陵台就任。

转眼到了二月中旬，寒食过后，祭祀大典刚刚结束，一纸请柬送到柳永手上。这是出判许州的吕夷简派人专程送来的，邀请柳永于三月初陪同他去颍州巡视。

吕夷简，字坦夫，淮南寿州（今安徽省凤台县）人，北宋名臣吕蒙正之侄、光禄寺丞吕蒙亨之子。出身仕宦之家的吕夷简辅佐年少的宋仁宗，在太后刘氏临朝听政的情况下，妥善处理了北宋诸多社会矛盾，为北宋社会安定和经济发展保驾护航，终成宋代名相。但即便是一代名相，也有软肋。吕夷简虽然知人善任，但对于那些曾得罪过他的人没有宽容的器量，那些反对过他的人常常被他贬出京，到远方任职，比如名臣范仲淹、孔道辅等。因此，欧阳修不客气地抨击他："其在位之日，专夺国权，挟制中外，人皆畏之。"不过他的用人术确实高超，一面薄惩示威，一面使用其长处，"于天下事屈伸舒卷、动有操术"。

宋咸平三年（1000年），吕夷简中进士第，初补绛州军事推官，历任通州通判、滨州知州、礼部员外郎、刑部员外郎兼侍御史。吕夷简清慎勤政，有"廉能"之美誉，宋真宗称赞他"有为国爱民之心"，数次委以大任。吕夷简曾出使契丹议和划界，返朝后升任知制诰之职，成为宋真宗眼中的红人。宋乾兴元年（1022年），宋真宗驾崩，幼年的宋仁宗即位，刘太后临朝称制，吕夷简拜同中书门下平章事、集贤殿大学士，正式拜相。面对性格刚愎又把持朝政的刘太后，吕夷简一方面本着公忠报国之心，处理万千国家事务，殚精竭虑；另一方面不露锋芒地约束刘太后的独断专行。

宋仁宗的郭皇后对吕夷简不满，认为他"多机巧、善应变"，经常在宋仁宗面前离间二人的关系。宰相王曾与吕夷简素来不和，指责吕夷简"纳赂市恩"。吕夷简不能接受，请求在宋仁宗面前理论。当仁宗让王曾说出理由时，王曾竟一时语塞。结果是二人各打五十大板，双双罢相出朝，吕夷简以同平章事之衔出判许州。

柳永很崇敬吕夷简，想借此机会谒见这位刚刚被贬的相公。此外，他很敬仰新知颍州的蔡齐的官品和人品，在陪同吕夷简巡视间隙，同游颍州西湖并赠词一首。

轻霭浮空，乱峰倒影，潋滟十里银塘。绕岸垂杨。红楼朱阁相望。芰荷香。双双戏、鸂鶒鸳鸯。乍雨过、兰芷汀州,望中依约似潇湘。

风淡淡,水茫茫。动一片晴光。画舫相将。盈盈红粉清商。紫薇郎。修禊饮、且乐仙乡。更归去、遍历鳌坡凤沼,此景也难忘。

柳永《如鱼水·轻霭浮空》

上阕写景,淡淡的雾霭飘浮空中,水中乱峰倒影毕显,十里池塘水波荡漾,泛着迷人的银光,垂杨绕岸,别有一番风情。朱红色的楼阁相对而立,满池荷花飘香。看那水中鸳鸯,成双成对,相互嬉戏。小雨刚刚停歇,汀州之上,兰芷芬芳。一眼望去,恍若看到了潇湘仙境。

下阕写景中事,和风淡淡,烟水茫茫,水波中晃动着晴光。在画舫上与相公泛舟,美貌的歌伎唱着清商南音。席间众人说道,中书郎,且珍惜此次修禊宴饮,尽情享受这仙境一般的美景吧。哪天奉旨还朝,即使看遍中书省,也无处能取代这难忘的景色。

果不其然,吕夷简很快官复原职,被召回汴京,以右仆射入相。从这首词中不难看出柳永的投献之意,词中说吕夷简将重返朝廷,大权在手,因此他非常愿意与吕夷简这样的老臣搞好关系。柳永的投献取得了很好的效果,两人一同泛舟西湖,其乐融融。但后来他们的关系并不像柳永的主观意愿那般亲密,甚至柳永的大好前程还栽在了吕夷简手上,这是后话。

当天晚上下了一场小雨,第二天,经过雨水冲刷的天空特别清爽。吕夷简游兴未减,再游西湖,柳永又赠词一首。

渐觉芳郊明媚,夜来膏雨,一洒尘埃。满目浅桃深杏,露染风裁。银塘静、鱼鳞簟展,烟岫翠、龟甲屏开。殷晴雷。云中鼓吹,游遍蓬莱。

　　徘徊。隼旗前后，三千珠履，十二金钗。雅俗熙熙，下车成宴尽春台。好雍容、东山妓女，堪笑傲、北海尊罍。且追陪。凤池归去，那更重来。

柳永《玉蝴蝶·渐觉芳郊明媚》

　　这首词视野广阔，上阕采用白描手法尽情渲染，雨后郊野，春色渐渐鲜妍悦目。昨夜一场春雨淅淅沥沥，洒湿凡尘。浅色的桃花和深色的杏花映入眼帘，露水为它们染色，春风为它们裁衣。银白色的水塘静若处子，水面的波纹宛若轻轻卷着的席子舒展开来，直抵岸边。云雾缭绕的山峰像鱼鳞一样层层叠叠，龟背一样的丘陵美如孔雀开屏。游冶时人山人海，热闹非凡，乐手吹起了鼓乐，声震云霄，在云雾山中环绕，就像仙境蓬莱一样。

　　下阕写的是权贵游冶的壮观场面，极尽铺排之能事，突出前呼后拥的一行人与歌伎。权贵的车仗缓缓驶来，柳永在车仗四周徘徊观望，许多女眷和文人雅士与他们同行，颂扬官员们与民同乐，治绩卓著。只见他们下车摆设野餐，餐饮场所都选择在风景绝好之处。"好雍容"二句，歌颂吕夷简有东晋谢安的儒雅之风和孔融之豪。那些与权贵同行的歌伎个个打扮得花枝招展，陪同他们饮酒的人都是海量。姑且也追随他做个陪客，如此官高位显的人郊游尽兴打道回府，焉能再来？不难看出结尾句是祝愿句，预言吕夷简不久将返朝，再做宰相。

　　虽然这首词的名气不及脍炙人口的《雨霖铃·寒蝉凄切》和《八声甘州·对潇潇》，但也在柳词名篇之列。其中的对句用得很巧妙，"一洒"对"满目"、"浅桃"对"深杏"、"鱼鳞"对"龟甲"、"三千"对"十二"，于数字中写出距离，于颜色中写满层次，于形态中充满视觉美感。

从颍州回到陵台令邸,柳永尽心履职。陵区有一千名奉先军负责安全和日常洒扫工作。宋仁宗一朝,长治久安,无外寇入侵之虞。至于小偷小摸的现象,奉先军军纪严明,作战勇猛,早已叫贼人闻风而逃。但有一事悬在柳永心里,那就是柏子户的问题。所谓"柏子户",就是专为皇家陵寝种植柏树的农户。朝廷出于对柏子户的关照,免去他们的长税,这是一项很实惠的优待政策。按照旧制,多达数百人的柏子户完全可以满足陵区的松柏种植和修理之需。可是当他正月初到任时,看到的情况却使人意外。整个陵区凌乱不堪,陵前的御河年久失修,两岸杂草丛生、一片荒芜,有的溪流已干涸断流,有的已成为臭水沟。

情况如此糟糕,柳永暗忖,当中必有蹊跷,他要查清楚症结所在。一日清晨,柳永身穿便装在陵区闲走,见一位农夫正在修剪林木,他上前搭话:"修剪松柏累不累呀?"农夫不知道他是新来的陵台令,随口答道:"累倒是不累,就是窝囊,白白出丁,分文不给。动不动还要挨打挨骂。"柳永一头雾水,又问道:"你们柏子户不是免除了徭役吗?还要取什么分文?是谁欺负你们,是不是奉先军干的?"农夫回答说:"在这里面服役的,根本没有柏子户,全是农户。奉先军管不了我们,也轮不到他们来欺负咱。"这话让柳永吃惊:"既然不是柏子户,怎么还要在陵区修剪树木?"农夫回答说:"柏子户可免徭役,早被那些富家子弟霸占了,但又不能拖延不办,所以他们强迫农户来替他们服役。"

这番对答着实让柳永吃惊,看来问题比他想象得还要严重。原来皇家的风水师看这里风水好,又图永安镇"永"字之意,皇帝便下令将这里的农户全部迁移。朝廷以优厚待遇补偿远走他乡、投亲靠友的农户,就近迁移的则把原来的土地以公田形式分给他们,并免了他们的徭役，以修剪陵木充替，把他们全部变成柏子户。权贵们见其中有油水可捞，竟冒名顶替，利用饥馑之年，巧取豪夺，霸占柏子户的田地。原来的柏子户全部改名换姓，一户户倾家荡产。第二天，柳永有意穿一身破衣裳，直奔永安镇，挨家挨户暗中查访，发现每家柏子户都有一本血泪账。从农户家里出来，他在路上转悠，看见麦田中三三两两的男女正提着担笼在自家麦田里割青稞。柳永不禁大为震惊，眼下是三月下旬，离麦子成熟还有个把月时间。在麦子还不成熟的时候，割青稞等于割农民的命，柳永知道，不到万不得已，农民是舍不得去割青稞充饥的。看来，青黄不接还在次要，赈贫已是燃眉之急。

　　柳永回来后，命主簿再去深入调查，拿出一份急需赈贫的名单。他自己连夜上封言事，用事实说明严格诏书的重要性，杜绝冒名顶替，又建议三年减少永安县税赋，让百姓休养生息。还有一件重要的事，就是对冒籍的人追究责任，严惩不贷。还要做好准备对付那些闹事的"五陵少年"。王子犯法与庶民同罪，凡是对诏书有不满的以抗诏论处，立即逮捕。

　　忙完这些准备工作后，柳永专程到洛阳向知府汇报，争取支持。前任知府已于三月入相，现任知府为范雍。史载其人"为治尚恕""颇知人、喜荐士"。范雍为人正直，为官清廉，人品和名声都不错。依范雍疾恶如仇的品性，柳永获得支持是意料之中的事。经过柳永大刀阔斧的整肃，富豪再也不敢欺凌农户，柏子户个个勤于职守，栽植修剪井然有序，陵区脏乱差的现象荡然无存。从陵台北边青龙山上的青龙河引流而来御河水，清澈如许，潺潺而流，昼夜不息。

帝里风光烂漫，偏爱春衫

宋代官员有寄禄官和差遣之分，寄禄官表示品级，是官员领薪俸的依据，而差遣则是实打实的官职。比如，柳永的著作郎是寄禄官的品级，而西京陵台令则是差遣。柳永于宋宝元元年（1038年）正月改为著作郎，根据宋代寄禄官制每三年一任制，柳永应该在宋庆历元年（1041年）正月转太常博士。太常寺是专司礼乐的部门，如果当中没有出什么岔子，精通音律的柳永被差遣为太常寺应该是情理之中的事。

宋庆历元年（1041年）春，五十四岁的柳永不再任西京陵台令，返京任太常博士，在京差遣。重返汴京是柳永梦寐以求的事，但他已是官宦之身，由不得他在烟花柳巷沉迷度日。虽然有宋以来文人狎妓是一件再平常不过的事，但对于官员来说，还是有所制约的。出仕以前可以随心所欲，出仕以后必须有所收敛。官方规定不限制官员至妓馆听歌，或是邀请歌伎唱歌佐酒，但在歌伎处过夜，或是与歌伎有书信往来都是不得越雷池的事。

回到汴京的柳永，看着灯红酒绿的汴京城，感到很满足，热闹富足的街市、箫管鸣琴的对唱让他心中泛起暖流，这里才是他熟悉、喜欢、自在的容身之地。

画鼓喧街，兰灯满市，皎月初照严城。清都绛阙夜景，风传银箭，露瀼金茎，巷陌纵横。过平康款辔，缓听歌声。凤烛荧荧。那人家、未掩香屏。

向罗绮丛中，认得依稀旧日，雅态轻盈。娇波艳冶，巧笑依然，有意相迎。墙头马上，漫迟留、难写深诚。又岂知、名宦拘检，年来减尽风情。

柳永《长相思·京妓》

这也是一首典型的"柳七郎风味"的词，上阕写景，下阕叙事，娓娓道出一个带着遗憾的故事。在上阕的写景中，词人以华丽的笔调写出汴京不夜城的景象，饰以龙凤的画鼓响彻大街小巷，华贵的兰灯在街市张灯结彩，玉兔东升，月光如银，映照着戒备森严的城池。在恍若天帝宫阙的夜景中，银漏的嘀嗒声从风中传来，承露盘里露水盈盈，街道阡陌纵横。路过平康，羡风流数泽，放松缰绳，惬意地听那随风飘来的歌声。彩凤形的烛灯闪耀着，那家住户还没有合上华美的屏风。从"过平康款辔"开始，男主人公出场。一个"辔"字简练地说明男主人公是骑马进城的，而"缓听歌声"的"缓"字，生动地写出男主人公走到这家妓馆时的情态，他勒住马头，细心地听着从里面传出的歌声。显然，他驻足倾听是有一定原因的，这就为下阕的叙事埋下伏笔。词中的"平康"即平康坊，新科进士常常流连于此，尽情地推杯换盏、吟风弄月。

下阕是整个故事的高潮,男主人公终于道出自己留意这家妓馆的原因。众多佳丽中,有一位仿佛是他旧时的相好,只见她体态玲珑纤柔,目光温存妩媚,容貌秀丽,脸上依然挂着迷人的微笑。她热情地前来相迎,这位"雅态轻盈。娇波艳冶"的女子不减当年风情,可是骑在马上的男主人公却犹豫了。他的身份已经改变了,只能墙头马上,遥遥倾诉爱慕之情,久久停留难以诉尽真情厚意。她哪知"名宦拘检"之理,居官而名声显赫的人当行为检束,近年以来,这风情之源泉已渐渐衰微了。

这个与柳永久别重逢,又不敢在大庭广众下公开亲昵的歌伎是谁,我们无从知道,但可以肯定的是,与柳永有这般难以割舍情愫的歌伎不止这一位。虽说他要顾忌官方的约束,但天性风流的柳永往往不拘小节,他与朝中执宰之臣交往甚密,宋仁宗对他也很青睐。有这等背景优势,柳永仍然像未出仕以前那样放肆地寻欢作乐。

身材儿、早是妖娆。算风措、实难描。一个肌肤浑似玉,更都来、占了千娇。妍歌艳舞,莺惭巧舌,柳妒纤腰。自相逢,便觉韩娥价减,飞燕声消。

桃花零落,溪水潺湲,重寻仙径非遥。莫道千金酬一笑,便明珠、万斛须邀。檀郎幸有,凌云辞赋,掷果风标。况当年,便好相携,凤楼深处吹箫。

柳永《合欢带·身材儿》

词中女子是柳永众多相好中的一位,只见眼前这位旧日相好虽数年不见仍不减往日娇娆,举手投足间散发着难以抵挡的风情,实难用语言来描述。单说她那细如凝脂、圆润如玉的肌肤,便占尽了千娇百媚。美人轻歌曼舞,那婉转的歌声令黄莺羞愧,那袅袅腰肢也令随风摇摆的柳条嫉妒。自从遇到这位美人,善歌的韩娥身价减了一半,善舞的飞燕也名气渐消。

桃花在暮春时节零落,溪水缓缓静流,往日欢娱历历在目,今日鸳梦重温,再入仙境。佳人身份已今非昔比,别说千金买一笑,只是出手相邀就得撒出珍珠万斛。幸而自己有凌云辞赋的功夫,还有潘安风姿,便同当年一样,携美人之手进到那凤楼深处,饮酒玩乐。

这位令柳永神魂颠倒的歌伎又是谁呢?在汴京城内,当初最让柳永心仪的歌伎当属虫娘。他还记得与虫娘的山盟海誓,记得他承诺要买下一处住宅,与她终身相守。七年之后,这一切像被一场大水冲刷过似的,只剩下人去楼空,物是人非。

花隔铜壶,露晞金掌,都门十二清晓。帝里风光烂漫,偏爱春杪。烟轻昼永,引莺啭上林,鱼游灵沼。巷陌乍晴,香尘染惹,垂阳芳草。

因念秦楼彩凤,楚观朝云,往昔曾迷歌笑。别来岁久,偶忆欢盟重到。人面桃花,未知何处,但掩朱扉悄悄。尽日伫立无言,赢得凄凉怀抱。

柳永《满朝欢·花隔铜壶》

花开一夜,承露盘中露珠稀少。金鸡唱晓,汴京城沐浴在清晨的阳光中。帝都风光烂漫,最爱暮春时节。这时的朝廷苑囿轻烟缥缈,黄莺伫立枝头婉转鸣唱,池沼中的鱼儿摇头摆尾,优哉游哉。巷陌初晴,芳尘轻染,垂杨芳草,绿意盎然。

那巫山神女般的美人令柳永魂牵梦萦,她妙歌巧笑,令人迷恋。不觉数年如弹指一挥，偶然想起欢愉时的盟誓之语，禁不住重回青楼。但佳人踪迹难觅，只有朱门轻掩，寂静无声。整日驻足无语，只觉心生凄凉。

总之，在汴京的日子里，旧爱新欢为他的仕宦生涯锦上添花，他过得很是惬意。转眼到了宋庆历二年（1042年）元宵节，这一日又被人们称作"上元节"。每逢上元节，汴京的人们在皇宫、街道、寺院和自家住宅张灯结彩，把城市装点得火树银花，明亮如昼。这一天，朝廷破例准许百姓彻夜出游，无论是王宫贵胄还是普通平民都可走上街头观赏花灯，所到之处都是人声鼎沸、热闹非凡。在这样的节日里，柳永写下一首上元词。

禁漏花深，绣工日永，蕙风布暖。变韶景、都门十二，元宵三五，银蟾光满。连云复道凌飞观。耸皇居丽，嘉气瑞烟葱蒨。翠华宵幸，是处层城阆苑。

龙凤烛、交光星汉。对咫尺鳌山开雉扇。会乐府两籍神仙①，梨园四部弦管②。向晓色、都人未散。盈万井、山呼鳌抃。愿岁岁，天仗里、常瞻凤辇。

柳永《倾杯乐·禁漏花深》

上阕在柳永笔下景色如梦，禁漏在不断流逝，冬去春来，节序更替，花草拔节长高。太阳如同一个刺绣工在大地上忙碌，在他

---

① 两籍神仙：指教坊小儿舞队与女弟子舞队。据《宋史》记载："每上元观灯，楼前设露台，台上奏教坊乐、舞小儿队。台南设灯山，灯山前陈百戏，山棚上用散乐、女弟子舞。"

② 梨园四部弦管：指宫廷乐队。四部弦管即宋教坊大曲部、法曲部、龟兹部、鼓笛部。

手上眼花缭乱的图画层出不穷。蕙花的香气揉进了风中,把温暖散布人间。都城内有十座门,正月十五的明月照在高高的楼阁上,座座楼观凌空如飞,似与云端相连。华丽而巍峨的皇家居所被祥云瑞雾笼罩着,嘉气瑞烟缭绕在花木草丛间,有朦胧缥缈之感。元宵佳节,天子驾临,与民同乐,祥瑞之气降临到皇城,有如神仙居住的花园,处处是吉祥之兆。

下阕写人文盛事,龙凤花纹的蜡烛与空中璀璨的星月交相辉映,在高耸的鳌山旁,舞者手执羽扇,翩翩起舞。路上人声鼎沸,箫鼓声喧天,两籍乐府、梨园子弟与观灯的百姓一起狂欢,直到晨光熹微,人群仍未散去。街道上,欢欣鼓舞的人群挤得水泄不通,齐声向圣上高呼万岁,希冀年年都能看到圣上的仪仗,一睹天子风采。

从这首描写京城欢庆元宵节盛况的词中,可以窥见宋仁宗时期物阜民康的太平景象,词中生动地再现了东京汴梁元宵之夜的热闹景象。宋仁宗在位期间,边境无战事,长期的和平使国内经济得到长足发展,京城繁花似锦。每到元宵节的夜晚,京城都要举行灯火晚会,为了显示天下太平,皇帝也会走出宫门与百姓一起观灯。得到宋仁宗赏识的柳永满怀幻想,从"愿岁岁,天仗里、常瞻凤辇"几句话可以非常明显地看出柳永的"谀世"意图。他在宋仁宗一朝进士及第,又得宋仁宗厚爱,对宋仁宗充满了感恩,所以在这段时间,柳永的词多为歌功颂德之作。据说这首词传入宫中,颇得宋仁宗欢心。

一日,宋仁宗批阅奏章好几个时辰后,感到一阵倦意袭来,便靠在御座上仰头闭目养神。伺候他的内侍知道,通常在这个时候宋仁宗要听听小曲儿。柳永的《倾杯乐·禁漏花深》曲调柔婉谐美,最适合这个场合,于是宣进几位宫女在一旁演唱。宋仁宗在音律方面也是个行家，一边听曲，一边抚手按节轻声歌吟，低声说："这肯定是柳耆卿的新作了。"内侍拱手称是。不消说，柳永又在宋仁宗那里得了宠。

薰风解愠①，昼景清和，新霁时候。火德流光，萝图荐祉，累庆金枝秀。璿枢绕电，华渚流虹，是日挺生元后。缵唐虞垂拱，千载应期，万灵敷祐。

殊方异域，争贡琛赆，驾巘航波奔凑。三殿称觞，九仪就列，韶濩锵金奏。藩侯瞻望彤庭，亲携僚吏，竞歌元首。祝尧龄、北极齐尊，南山共久。

柳永《永遇乐·薰风解愠》

清晨南风微醺，薰香之气可以解人愁苦。大宋朝举国上下处处流溢光辉，普天之下广降福泽，欢庆帝王诞辰之日，天子出生时便有祥瑞之兆，即位后也继承了唐尧虞舜垂拱而治的贤德，千秋万代，万灵庇佑。

下阕用华丽无比的情景描写把宋仁宗过寿诞的盛大场面烘托得淋漓尽致：外邦异域争相奉献宝物，不惜跋山涉水前来庆贺；大殿宴饮，文武百官排列；《大濩》奏起，铿锵有声；藩王带着幕僚，前来瞻仰朝廷，为天子歌功颂德。

从词中可以看出，柳永不惜泼墨阿谀，为宋仁宗唱赞歌。柳永在这一时期的歌功颂德之作不胜枚举，一发不可收拾地见什么写什么，俨然是宋仁宗眼中的红人。可世事难料，月盈则亏，有时

---

① 薰风解愠：出自《孔子家语·辩乐》，"昔日舜弹五弦之琴，造《南风》之诗，其诗曰：'南风之薰兮，可以解吾民之愠兮'"。

候飞黄腾达却会带来灾难性的后果，这是柳永注定躲不过去的。他万万没有想到，厄运正潜伏在他的身边，就在他不经意时，将他彻底击垮。

第五章

斜阳暮草茫茫，尽成万古遗愁

因《醉蓬莱·渐亭皋叶下》遭到宋仁宗的嫌恶，柳永的仕途变得举步维艰。他频繁改换任所，却始终在下层官吏的圈子里徘徊。官场的压抑、羁旅的苦恼、思念的煎熬交织在一起，使他的内心充满了无法抚平的痛苦。直到人生尽头，他的风流天性、敏捷天才都始终保持如一，留在他的辞章中，供后世怀念。

斜阳暮草茫茫,尽成万古遗愁

宋庆历二年(1042年)秋,天空出现了一个异常的星象,夜里有"老人星"出现,这是一个吉兆。在中国古代传统说法中,老人星意味着长寿,是"福""禄""寿"三星中的"寿"星。北宋王辟之在其史料笔记《渑水燕谈录·卷八》中记录了老人星与柳永的关联:"入内都知史某爱其才而怜其潦倒。会教坊进新曲《醉蓬莱》,时司天台奏老人星见,史乘仁宗之悦,以耆卿应制。耆卿方冀进用,欣然走笔,甚自得意,词名'醉蓬莱'。"这位"入内都知"应该是位宫中近侍,很钦佩柳永的才华,也为柳永蹉跎半生才中进士而惋惜,总想找机会让宋仁宗多赏识柳永。由于寿星吉兆的出现,教坊新制了一首曲子《醉蓬莱》,这位近侍便请柳永写一首应景之作,然后进献给宋仁宗,柳永写下了《醉蓬莱·渐亭皋叶下》。

渐亭皋叶下,陇首云飞,素秋新霁。华阙中天,锁葱葱佳气。嫩菊黄深,拒霜红浅,近宝阶香砌。玉宇无尘,金茎有露,碧天如水。

正值升平，万几多暇，夜色澄鲜，漏声迢递。南极星中，有老人呈瑞。此际宸游，凤辇何处，度管弦清脆。太液波翻，披香帘卷①，月明风细。

柳永《醉蓬莱·渐亭皋叶下》

上阕写皇宫中的秋景，为太平盛世、皇帝出游埋下华美祥和的伏笔。秋风落叶在岸边飘舞，高山之巅，白云悠悠，一场秋雨过后，天初放晴。渐亭苍穹映衬着高耸入云的华美宫殿，要锁住那象征吉祥兴隆的云气，宫殿耸立佳气缭绕，高贵而吉祥。新菊绽放，依偎在台阶旁，花瓣深黄耀眼；盛开的芙蓉浅红醉人，香气氤氲。华丽的殿宇一尘不染，在铜仙人的露盘里，延年的甘露满盈，天空碧蓝，明净如水。

下阕颂皇帝出游。在月色如水的夜里，铜壶滴漏之声清晰入耳。"南极"二句，意谓老人星出现，象征天下太平。南极星里，有位老人正呈现治平、寿昌之祥瑞。第三句以借问皇帝的"凤辇"引出车驾音乐，从侧面写出帝王的华贵雍容、至高无上。此时，皇帝的轻驾在何处呢？也许，就在那清脆悦耳的管弦乐声中吧。月明轻风，汴京禁苑的池沼在月光中波光粼粼，一片天下太平、和平安泰的景象。

就艺术成就而言，这首词色彩鲜明，声调谐美，调用了多种手法，尤其在语言运用上，多处借用前人的诗文、典故、传说，一扫俚俗之语，呈现一派古雅之色。不满百字的一首词，对偶俯拾即是，

---

① 太液波翻，披香帘卷：夜晚的轻风裹挟着花香，卷起宫殿的门帘。化用上官仪《早春桂林殿应诏》首联"步辇出披香，清歌临太液"。太液池又名蓬莱池，始建于汉武帝时，在长安建章宫北。此处借指宋汴京宫中池苑。

且形式多样，韵律详细匀齐，尽显皇家庄严气派。

柳永自恃有才，他的诗人气质使他非常依赖自己敏捷的才思，故在这首为皇帝歌功颂德的词中，缺少了一些雍容华贵、富丽堂皇之气。仅开篇一句，无法轻易看出是一首歌颂皇帝的词。词中"夜色澄鲜""漏声迢递""月明风细"等景物描写，与歌颂皇帝的主题略显不和，或许这也是没有讨到皇帝赏识的原因之一。南宋魏庆之在诗话集《诗人玉屑·卷二十一》中指出："'嫩菊黄深，拒霜红浅'，竹篱茅舍间，何处无此景物？"意思是这样的平常小景与歌颂皇帝的词相比显得小气。但抛开歌功颂德之意，只以作品的艺术成就而言，全词充满美感，比起柳永的其他颂词、投献词，更富有词的韵味。

柳永一生中曾经两次因词惹祸，这两次失误都直接冲击了他的大好前程。一次是落第后发牢骚，写了一首《鹤冲天·黄金榜上》，得罪了宋真宗；一次是写祝词《醉蓬莱·渐亭皋叶下》，得罪了宋仁宗。据《渑水燕谈录》的记录："上见首有'渐'字不悦，色若不悦。读至'宸游凤辇何处'，乃与御制真宗挽词暗合，上惨然。又读至'太液波翻'，曰：'何不言波澄？'乃掷之于地。永自此不复进用。"这首词本来可以作为柳永仕途转机的一个台阶，但因词句不合圣意，没有讨到皇帝的欢心，彻底失去了机会。本来这首词写得不错，在当时博得一片喝彩。南宋杨湜在《古今词话》中认为："柳耆卿祝仁宗皇帝圣寿，作《醉蓬莱》一曲……此词一传，天下皆称妙绝。盖中间误使宸游凤辇挽章句，耆卿作此词，惟务钩摘好语，却不参考出虑。仁宗皇帝览而恶之。及御注差注至耆卿，抹其名曰：'此人不可仕宦，尽从他花下浅斟低唱。'由是沦落贫窘。"

柳永写这首词时用了功夫，他深知推荐人的良苦用心，故在词中极力为皇帝歌功颂德。但这个浪漫又迂直的文人，虽然有支神来之笔,却在下笔时只管写出好词,而忘了考虑字句的出处。"宸游凤辇"一语是宋仁宗为宋真宗所作的挽句,柳永竟犯了颂词与悼词暗合的大忌。故宋仁宗读到这里时,龙颜不悦,干脆一句话断送了他的前程,"此人不可仕宦,尽从他花下浅斟低唱"。

这首词埋下了柳永后半生潦倒的伏笔。宋庆历三年（1043年）,柳永被贬出京城,任苏州通判。在外辗转多年才回到汴京,现在又要离开,柳永心里像打翻了五味瓶,一言难尽。他那潜伏在内心深处的放浪天性在这个节骨眼儿上喷涌而出,管他什么"名宦拘检",他现在需要快活。离开汴京的前一天,柳永到一位新结识的歌伎处度过了一夜。

当日相逢,便有怜才深意。歌筵罢、偶同鸳被。别来光景,看看经岁,昨夜里、方把旧欢重继。

晓月将沉,征骖已鞴。愁肠乱、又还分袂。良辰美景,恨浮名牵系。无分得、与你恣情浓睡。

柳永《殢人娇·当日相逢》

就在偶然相逢的那天,便深深地爱上了你。歌舞酒筵散去后,我们同床共枕,鸳鸯被下软香迷人。不经意间,一年过去了,直到昨晚,才在此地相遇,鸳梦重温,又拾旧日欢会。

月亮快要沉入东山,天快亮了,我的马已备好,心里非常忧愁。分离在即,再也不能享受这等良辰美景,都恨那功名利禄的羁绊,害你我不能尽情相拥,享受这销魂的床笫之欢。

词中这位女子想必是才貌双全,若不是风姿绰约的女子,怎能让柳永一见就心生爱怜?残酷的分离就在眼前,奔向远方的轻驾早已准备完毕,留给他们的只有用分秒来计算的缱绻时刻。这时的柳永不由得恨起了从前苦苦追求的功名，突然发现自己失去了宝贵而珍爱的自由。

由于限期到任，宋庆历三年（1043年）初冬，柳永水陆兼程，于腊月上旬到达苏州，此时的苏州太守为富严。富严是处州（今浙江省丽水市）青田人，其祖徙居苏州吴县，遂为吴人。宋大中祥符四年（1011年）进士；庆历初，授刑部郎中、知苏州，转知泉州、越州；嘉祐中，以秘书监再知苏州，秩满告老。富严为人以耆儒硕德著称，虽表面上不苟言笑，但内心温和厚道。他早已知道柳永在京城因为写《醉蓬莱·渐亭皋叶下》而得罪了宋仁宗，对这位下属充满同情。柳永到达的第二天，富严在郡治后子城上的齐云楼设宴，为柳永接风。

此时年关将近，治所内没有什么大事，之前修堤防洪的工程也接近尾声。柳永带着随从，常到太湖与松江之间的工地，现场解决问题。富严虽然性格严劲刚直，不易接近，但知性者乐，柳永与他相得相助，其乐融融。不久，富严移任知泉，吕溱知苏州。吕溱，字济叔，江苏扬州人，世居歙州歙县。宋宝元元年（1038年）戊寅科状元。吕溱思维敏捷，精识过人，辩讼立断，善于议论，其言论颇为当时名流所推崇。吕溱性格开朗而持重，在杭州接送宾客，寥寥数语，没有多余的客套话，人以"七字舍人"誉之。

二月初，新任知州吕溱上任，吕溱时年三十岁，而柳永已是五十七岁的老人了，一个年轻有为，一个年老失意。论资历，吕溱中进士比柳永晚四年。与一个比自己小二十七岁，而且寡言少语的顶头上司共事，自负清高的柳永可以说是大受打击，但他也身不由己。这个时期，柳永创作了一些怀古诗，借以抒发对历史兴亡的感慨以及对人物成败的反思。

晚天萧索,断蓬踪迹,乘兴兰棹东游。三吴风景,姑苏台榭,牢落暮霭初收。夫差旧国,香径没、徒有荒丘。繁华处,悄无睹,唯闻麋鹿呦呦①。

想当年、空运筹决战,图王取霸无休。江山如画,云涛烟浪,翻输范蠡扁舟。验前经旧史,嗟漫载、当日风流。斜阳暮草茫茫,尽成万古遗愁。

柳永《双声子·晚天萧索》

傍晚的江边,萧条冷清,我像一根折断的蓬草随风飘扬,一时兴起,便乘船向东游去。夜雾渐渐散去,三吴风景历历在目,依然如故。建在苏州的楼台亭榭零落荒凉,比起从前的繁华,大为逊色。在夫差的旧国土上,往昔芳香馥郁的花径被湮没在荒草之中,只留下座座荒凉的小山岗。繁华景象一去不返,只有麋鹿的呦呦叫声从山谷中传来。

想当年,夫差运筹帷幄,却是一场徒劳,南征北战只为逞强称霸。"想当年、空运筹决战,图王取霸无休",评价吴王夫差的一个"空"字,意味深长。江山美景如画,天空云涛翻滚,江中波浪连天,那个威风凛凛的国君还不如散发扁舟浪迹天涯的范蠡。细细品味历史,当年风云激荡,成败只留下一声嗟叹,令今人黯然神伤。前朝历史不知湮灭了多少风流人物,夕阳暮色笼罩着无边的野草,就像那无以排遣的万古遗愁。

这是柳永创作的一首怀古词,通过今日的荒凉与昔日的繁荣对

---

① 麋鹿呦呦:出自《史记·淮南衡山列传》,"王坐东宫,召伍被与谋,曰:'将军上。'被怅然曰:'上宽赦大王,王复安得此亡国之语乎!'臣闻子胥谏吴王,吴王不用,乃曰'臣今见麋鹿游姑苏之台也'。今臣亦见宫中生荆棘,露沾衣也"。后人常用"麋鹿游姑苏台"暗喻亡国。

比，在怀旧情怀中表达了深刻的历史兴亡感。这首咏史词风格典雅，意境深沉，格调苍凉，谋篇布局颇有大家风范。萧索荒芜的景物中交织着历史的沧桑以及对人生的深刻反思，意境浑厚，笔调雄壮、庄重。在历史长河中，人渺小得犹如沧海一粟，微不足道。对于擅长写艳词的柳永来说，这首豪放大气的怀古词是他别具一格的作品，他将怀古题材引入词中，抒发深沉的历史兴亡感，对后世怀古词的创作产生了很大影响。

登孤垒荒凉，危亭旷望，静临烟渚。对雌霓挂雨①，雄风拂槛，微收烦暑。渐觉一叶惊秋，残蝉噪晚，素商时序。览景想前欢，指神京，非雾非烟深处。

向此成追感，新愁易积，故人难聚。凭高尽日凝伫。赢得销魂无语。极目霁霭霏微，暝鸦零乱，萧索江城暮。南楼画角，又送残阳去。

柳永《竹马子·登孤垒荒凉》

上阕写初秋雨后一片肃杀之景，秋蝉在树上完成一年中的绝唱，词人登高望远，触景生情，往日在京城的欢乐场景浮现在眼前。登上孤立的营垒，眼前一片荒凉，从危亭的台上极目远望，静观沙洲，烟云茫茫。雌霓夹裹着雨点，一阵狂风席卷而来，吹拂着栏槛。一叶知秋，飘零的落叶预告了秋寒，即将了此残生的秋蝉在树上拼命地聒噪。万物都披上了寒秋时节的新装。静观眼前景象，往日欢情浮现，遥指京都，就在那似烟非烟的彩云深处。

下阕感叹满腔愁怀难以排遣，朋友难聚。晚秋暮鸦，残阳西落，

---

① 雌霓挂雨：指彩虹横空的自然现象，天地间还带有雨水的湿气。雌霓指彩虹双出，色彩鲜艳为主虹，色彩暗淡为副虹，雌霓是副虹。

江城萧索使人更添愁绪。词人触景生情,想到往事如烟,汴京遥不可及,旧梦难以重温。雨后晴云尽入视野,归巢的寒鸦在黄昏时聚集林中,声声惨叫撕碎了词人心中的宁静。暮色迷离的江城一片萧条冷落。城南角楼吹响了,最后一抹残阳在角声中沉入大地。

从词中"览景想前欢"的"前欢"一语来推测,词人怀念的人很可能是他在汴京过往甚密的一名歌伎。这首词虚实相生,在情与景的写作手法上表现出极高的艺术造诣。他善于捕捉时序变化的典型特征,以景结情,情景交融;布局交错,使整体结构富于变化,真实生动地表现了他的思想感情在特定环境中的微妙变化;情景交融,用典恰到好处,将古垒残壁与酷暑新凉交替季节的特异景象融为一体,有壮士悲秋之感慨,表现出深厚的文化修养和借景言情的写作功力;结构严谨含蓄,铺叙有致;格调清雅,气韵浑厚。柳永通过登临感怀,抒发孤独的忧伤情绪,有美人迟暮、英雄气短之感叹。词境苍凉,从意境上看,属柳词中的雅词。在风格沉郁的词中抒发个人的离愁别恨,正是封建社会文人的共同命运。

一曲《阳关》，断肠声尽

柳永在苏州任上约半年时间，又移任益州（治所在今四川省成都市）。于是，柳永动身返回汴京，择陆路取道陕西前往成都。当他作为"西征客"来到汉唐旧都长安时，看到灞陵桥杨柳参差，夕阳西下，残阳烟雾中的景物与汉唐时代一样，不禁触景生情。他在灞桥这个传统的离别之处，神思徜徉，离忧顿生，写下这首悲戚与离愁、羁旅与感昔双重惆怅的小词。

参差烟树灞陵桥。风物尽前朝。衰杨古柳，几经攀折，憔悴楚官腰。

夕阳闲淡秋光老，离思满蘅皋。一曲《阳关》，断肠声尽，独自凭兰桡。

柳永《少年游·参差烟树灞陵桥》

高低不一的柳树像烟雾一样笼罩在灞陵桥上，暮色苍茫中，眼前凄迷的柳树掩映着灞陵的暮景，牵动了柳永羁泊异乡的情怀。灞陵桥自古以来是人间离鸾别鹤的处所,此处的风俗和前朝一样,送别的人到此折柳以示挽留。杨柳枝条哪堪屡经攀折,纤细轻柔的柳枝被离人们折得如同楚宫中那憔悴的细腰女。

下阕词境愈加凄清。正值暮秋的傍晚,古城烟柳在夕阳映照下毫无生意,眼见此景,柳永愁怨交织,愈增离恨,如铺满郊野的杜衡沿着江岸一眼望不到头。耳边忽然响起《阳关》曲,此曲最能勾起人的离别之情。这场乐声中的深情饯别,主角正是柳永本人。此次分别,偏又遇着这传统的离别之地,个中滋味只有自己去细细体味。耳闻《阳关》,曲尽人断肠,目之所见、耳之所闻,无不与离情缠绕不断。一句"独自凭兰桡"收尾,来得陡然,来得沉重,如一幅定格远景,让读者看到那个满怀离情之伤的词人独自倚在画船的船舷旁,那个孤独的身影给人留下非常深刻的印象。

此词通过富有寓意的景物,运用了回环断续的艺术手法,借助灞陵桥、古柳、夕阳、阳关等寓意深远的景象冷静地白描,然后通过凭吊前朝风物,触发了无限感慨。晚清冯煦在《宋六十一家词选例言》中评价柳永词"状难状之景,达难达之情,而出之以自然"。柳永以拟人化的修辞手法,形象生动地描绘出眼中之景、心中之事、事中之情,表达出伤别中的怀古和由怀古引发的伤今,起到了抑扬顿挫的表达效果。

长安古道马迟迟,高柳乱蝉栖。夕阳岛外,秋风原上,目断四天垂。

归云一去无踪迹,何处是前期?狎兴生疏,酒徒萧索,不似去年时。

柳永《少年游·长安古道马迟迟》

初秋时节，我骑着马在长安古道上徐徐前行，树上的秋蝉声嘶力竭地鸣叫。远方，夕阳正渐渐沉没，旷野荒原上秋风习习，极目远望，天际寥廓，夜幕低垂。飞鸟的身影隐没在长空之外，寒风无情地扫荡日暮的郊原。这个失意落魄的文人，哪儿才是他的归处？在天之苍苍、野之茫茫中，他双目望断天涯，也没有看到他的投止之所。

时光流逝，不舍昼夜，一去不回，还能到哪里去寻找旧日的期望和约定呢？从"何处是前期"来理解，"归云"不是天空中漂浮的云彩，而是那一去不复返的时光。冶游饮宴的兴趣早已衰减，过去在一起推杯换盏的酒友也四散离去，现在的柳永已大不如年轻时狂放不羁了。末尾一句"不似去年时"表达了柳永深深的悲哀和对一切期望都已落空的叹息。

长安是中国历史上著名的古都，历代诗人喜欢用"长安"借指首都。奔忙在长安古道上的车马，往往都是为名利而追逐。但在这首词中，柳永笔下的"马"很容易让人联想到一匹体力不济的瘦马，主人骑着它在长安古道上有气无力地"迟迟"行走。与那些为追名逐利而奔忙的高头大马比起来，这是一匹羸弱的瘦马，同时也反衬出骑马之人对名利之事的心灰意冷。

观柳永词，可见其中弥漫着一种"失志"的悲哀，一方面，他受家世的影响，曾经怀有的用世之意得不到施展；另一方面，也在于他个人的禀赋和浪漫不羁的性格。早年落第时，他还可以借着"浅斟低唱"排遣内心的苦闷，而当老之将至，年华已逝，一切有志之意都已落空，又有感情失去依托的悲哀，双重的悲慨在这首《少年游·长安古道马迟迟》中体现得尤为突出。

历来人们对柳词的评价，往往注重他在长调慢词方面的贡献而忽略了他在小令方面的成就。在论及柳词意境的拓展以及唐五代小令所叙写的内容，"大多不过是闺阁园亭伤离怨别的一种'春女善怀'的情意"（叶嘉莹《论柳永词》）。而在柳永的很多自抒情意的佳作中，他写出了一般人没有表达出的"秋士易感"的特色，这种特色在他的长调中也不乏表现。而柳词之拓展其实并不局限于长调慢词，其短小令词在内容意境方面同样有令人侧目的开拓。这首《少年游·长安古道马迟迟》，就是柳永将"秋士易感"的失志之悲融入小令的一篇佳作。

入陕之后，由凤州（治所在今陕西省宝鸡市凤县）南行，到了古蜀道，在客居略阳（今陕西省汉中市略阳县）南的青泥驿时，柳永写下名篇《戚氏·晚秋天》。

晚秋天，一霎微雨洒庭轩。槛菊萧疏，井梧零乱惹残烟。凄然。望乡关。飞云黯淡夕阳间。当时宋玉悲感，向此临水与登山。远道迢递，行人凄楚，倦听陇水潺湲。正蝉吟败叶，蛩响衰草，相应喧喧。

孤馆度日如年。风露渐变，悄悄至更阑。长天净，绛河清浅，皓月婵娟。思绵绵。夜永对景，那堪屈指，暗想从前。未名未禄，绮陌红楼，往往经岁迁延。

帝里风光好，当年少日，暮宴朝欢。况有狂朋怪侣，遇当歌、对酒竞流连。别来讯景如梭，旧游似梦，烟水程何限。念名利、憔悴长萦绊。追往事、空惨愁颜。漏箭移、稍觉轻寒。听呜咽，画角数声残。对闲窗畔，停灯向晓，抱影无眠。

柳永《戚氏·晚秋天》

这首长达两百余字的长词一韵到底，全词由近及远、由远及近，挥洒自如；抚今忆昔、由昔感今，一气呵成；由傍晚到深夜，由深夜到黎明，弥合无痕；由举目望乡关、由孤馆怀帝京，转换天衣无缝。柳词独有的悱恻动情与荡气回肠在描情叙景、铺叙怀旧、旷古达今中有条不紊地展开，于平常之中尤显不平常，却又浑然天成不见一丝险韵，字句中无不细针密线地嵌着他奇特的个性。

全词共分三片，头一片写景，叙白天所见所闻；第二片写情，言"更阑"而引发的感想；第三片写意，追忆往事，抒发感慨。

微雨过后的薄暮，深秋短促的细雨洒落庭院，栏边秋菊已枯萎，只剩下稀疏的枝条。天井的梧桐已凋零，在残烟笼罩下，一片凄然。一个"惹"字，活灵活现地写出秋之萧索。究其根由，那淡淡的残烟并非天空的雾气，而是庭院零乱惹出来的，园中景物使柳永思绪万千。笔锋一转，他将视线转向远处。这并非一幅乐观的图景，远望江河关山，余晖里浮动着黯淡的晚霞。这个时刻，柳永想起了什么？他想起了宋玉。古代的悲情才子宋玉也是在这悲凉的晚秋，也是在此地临水登山，这几乎是古代文人念远伤别的标志性行为。紧接宋玉的悲感情怀，柳永轻松一笔收回来，千万里路途遥遥，行者在艰险的途中凄惨哀楚，潺潺水声，不堪入耳。这时，藏在落叶中的秋蝉和枯草中的蟋蟀正在此起彼伏地喧闹，为这晚秋绝唱而起劲地鸣叫。这是词人内心挣扎的独白，在自己厌恶而又不愿舍弃的仕途上艰难行走，一方面对"名牵利惹"恨之入骨，另一方面又万般不舍，"驱驱行役"正是他这种矛盾心理的表现。

时间由傍晚进入深夜，柳永在羁旅途中在歇脚的地方独望江关。他在孤馆中形单影只，度日如年。秋风和露水渐渐变得寒冷，深夜时刻最是难熬。百无聊赖的词人把视线转向浩瀚的苍穹，映入眼帘的是那清浅的银河中一轮晶莹的明月，"绛河"在词人眼里已经完全褪去了神话色彩，只代表一片空有亮白色的冰冷感受。寂寞难耐的词人想要绝地反击，用一副表面的强大来武装自己，虽然看似寂寞，可那皓月中有长袖善舞的婵娟，不正是团圆的象征吗？说到此，自相矛盾的心理欲藏还露。面对明月，他心中若没有佳人怀念，如何配得上"白衣卿相"的本色？相思绵绵的感情闸门就此打开，奈何长夜独自面对眼前之景，不堪承受。那句"那堪屈指，暗想从前"让人费解，莫非是柳永在自我检讨？他有什么可检讨的呢？且听他细细数来，"未名未禄，绮陌红楼，往往经岁迁延"。那时功名还未成，却醉心于歌楼妓院，一年年耗尽光阴。正因为缠绵于"绮陌红楼"，才搞得自己到老时还是"未名未禄"，说到这里，他似乎对自己的恣狂心性有了后悔之意。但纵观柳永一生，免不了对这话一笑了之，因为柳永如果真有这番悔改，就不会落得"未名未禄"的凄凉结局。所以，不妨把柳永的后悔之言看成是正话反说，有点黑色幽默的意味。

　　下阕与中阕紧密衔接，继续写柳永年少轻狂的生活，大有山断云连之妙。正所谓江山易改、本性难移，柳永骨子里就是一个风流才子，红颜脂粉如影随形，他的情史可以说众所周知。此时此刻，他该从记忆中找出哪一个情人来回味呢？只能对那些岁月的人事泛泛而谈了，那时只想着寻欢作乐，身边都是一些狂怪的朋友，遇到对酒当歌的场合就挪不开脚步。但是这样的生活毕竟只能带来昙花一现的欢乐，不能持久，一旦别离，时光如梭，曾经灯红酒绿的寻欢情景好似梦境。前方一片烟雾浩渺，这样的奔波劳碌何时才是尽头啊？接下来的调子低沉了很多，那些功名利禄之事害得他憔悴不堪，被那名利之绳羁绊，他不得不静下心来思考。滴漏在轻轻移动，时间一分一秒地过去，寒意阵阵袭来。这时，远方飘来画角的呜咽声，时断时续，余音不绝，他除了对着窗户静坐，等候黎明，别无他法。更难熬的还有形单影只、彻夜难眠。对于此时的柳永来说，彻夜无眠几乎变成了生活中的常态。

这是"白衣卿相"留给读者的余味不尽的尾声，一颗耀眼的启明星遥挂天际，星下映照着身穿一袭长衣"对闲窗畔"的身影，是那般孤寂、凄凉。有人把柳永的《戚氏·晚秋天》与《离骚》等量齐观，视为前后辉映之作。宋代王灼在《碧鸡漫志》中高度评价："离骚寂寞千载后，戚氏凄凉一曲终。"可见当时这首词的声誉之高。

有人认为，柳词之所以享有盛名，乃在一"创"字。若言"创"而不提《戚氏·晚秋天》者，必为孤陋寡闻之辈。据考证，《戚氏·晚秋天》当为柳永独创，只见于其《乐章集》中，仅次于南宋吴文英之《莺啼序》。作为词史上颇富传奇色彩的"才子词人"，柳永填诗作词以一"创"字提纲挈领。他不拘一格地自创词牌，使词作的内涵得以丰富，成为一种抒怀文体。柳永在填词时，万事随心恣意，视世俗礼教为无物，敢为人所不敢为，敢言人所不能言。

秦楼阻,旅魂乱

自青泥驿而南,就进入了蜀地,柳永到达益州治所成都时,大约在隆冬。此时,于十月上任的益州知州蒋堂才到任一个月。且说到益州任职的官员,可不是一般官员。宋时益州属于边远地区,地域广大,地理位置险要,素来难以治理。所以,宋时知益州的官员谈得上是封疆大吏的关键人物。历来守益州者,或名臣,或重臣,归朝后往往都被安置在显要的位置。

蒋堂,字希鲁,常州宜兴人。据《宋史》记载,蒋堂其人"为人清修纯饬,遇事毅然不屈,贫而乐施。好学,工文辞,延誉晚进,至老不倦,尤嗜作诗"。柳永到益州后,就曾写词赠予蒋堂。

井络天开,剑岭云横①控西夏。地胜异、锦里风流,蚕市繁华,

---

① 井络天开,剑岭云横:"井络""剑岭"暗扣蜀地,"天开""云横"扣"控西夏"。"井络"为二十八星宿之一,"岷山之情,上为井络"。井络指岷山,后泛指蜀地。益州地处井宿之分野,其地囊括大、小剑山,山势险要,高耸似与云接,有"一夫当关、万夫莫开"之势。

簇簇歌台舞榭。雅俗多游赏,轻裘俊、靓妆艳冶。当春昼,摸石①江边,浣花溪畔景如画。

梦应三刀②,桥名万里③,中和政多暇。仗汉节、揽辔澄清④。高掩武侯勋业,文翁风化。台鼎须贤久,方镇静、又思命驾。空遗爱,两蜀三川,异日成嘉话。

柳永《一寸金·井络天开》

上阕描绘蜀地的自然风光与人情风俗,起笔很有气势,突出了两蜀雄伟地势和地理位置的重要性。柳永在词中着力描写成都风物的奇特魅力及优越地势,物华天宝,锦官城内风物奇异美妙。"锦里风流,蚕市繁华",写出了成都市井中的繁华景象。古蜀以蚕市著称,故丝织业繁荣,城内蚕市正当鼎盛之时。随处可见楼台歌榭,歌曲声、喧哗声不绝于耳。城内游人如织,富家子弟行于大街上,衣着鲜亮华丽;女子个个娇媚艳丽,行人不由得多看几眼。三月的成都有海云边摸石之趣,浣花溪畔如同画中景色一般。

下阕极力美言当地官员的文治武功。"中和政多暇"是对当政者的褒奖之语,颂扬成都当政者甫一到任,就政清吏廉,政治环境宽松,功德彰显。他颂扬为政者前程远大,在蜀地的治绩将受到朝廷的肯定。因为朝廷很需要能干的贤才,所以他不久就会高升,而他

---

① 摸石:成都的一种风俗活动,"成都三月有海云山摸石之游,求子,得石都生男,得瓦者则生女"。

② 梦应三刀:沿用王濬迁为益州刺史和诸葛亮送费祎出使吴国的典故,暗喻当政官员升调成都地方长官。

③ 万里:即万里桥,在成都南门外,当年诸葛亮在此送费祎出使东吴。

④ 仗汉节、揽辔澄清:"仗汉节",本指汉朝天子所授符节,这里指朝廷任命的文书、印信。"揽辔澄清",出自《后汉书·范滂传》,"滂登车揽辔,慨然有澄清天下之志。及至州境,守令自知藏污,望风解印绶去"。

在蜀地留下的政绩也会在百姓中流传，成为一段佳话。

这是柳永赠予蒋堂的投献之作，明显可以读出词作中的"贡谀"意味。从对当地为政官员的州郡之治的颂扬中，可以感受到柳永内心蕴藏的政治热情。这首词在艺术上可圈可点，辞采明丽，以赋体形式对蚕市的繁华和令人心驰神往的风土人情极力铺陈，对句和典故的运用也很出色。

当柳永遇到蒋堂，很有一见如故、惺惺相惜之感，故柳永在成都半年的时间里，与蒋堂共事非常愉快。只是好景不长，就在柳永感到顺意的时候，"咔嚓"一声，留给他一个扼腕叹息的遗憾。柳永在成都半年后，又移任了。宋庆历四年（1044年）春，柳永转至后行员外郎，即屯田员外郎。按常制，他已经有资格任知州了，但朝廷一直没有动静。宋代官员任职通常是远一任近一任，在成都任职后，柳永本应内调，但八月，他却被差遣前往湖南为官。蒋堂知道柳永心里的滋味，安慰他说："西蜀自古是个难治的地方，耆卿本该内调，但湖南缺人才，故朝廷差遣你去通判湖南，这也是权宜之计。我已经给刘潭州写了信，拜托他多多关照。刘潭州为人刚正不阿，性情豪爽，待人接物不讲究繁文缛节。况且他又是你应开封试时的座主①，有师生情谊，还望你多多珍重。"

柳永辞别蒋堂，登上驿船沿长江东行，开始了又一次宦途。船过巫峡时，正值薄暮时分。深秋的巫峡景色奇丽，两岸峭壁如削。柳永在船舷边凭栏远眺，暮色笼罩的远方只有长江水在静静流淌。出了巫峡，便是秭归，秭归有宋玉旧宅，据陆游在《入蜀记》中记录："十九日……访宋玉宅，在秭归县之东，今为酒家。旧有石刻

---

① 座主：唐宋时进士称主试官为座主，至明清，举人、进士也称其本科主考官或总裁官为座主，或称师座。

'宋玉宅'三字,近以郡人避太守家讳,去之。或遂由此失传,可惜也。"映入眼中的秋色触动了柳永的悲秋之情,在他眼中,碧水之中青烟袅袅,水村旁边,落叶在秋风中翻飞,水天之间,楚天千里。船行潇湘,潭州在望。

  鹜落霜洲,雁横烟渚,分明画出秋色。暮雨乍歇。小楫夜泊,宿苇村山驿。何人月下临风处,起一声羌笛。离愁万绪,闲岸草、切切蛩音如织。

  为忆。芳容别后,水遥山远,何计凭鳞翼。想绣阁深沉,争知憔悴损、天涯行客。楚峡云归,高阳人散①,寂寞狂踪迹。望京国。空目断、远峰凝碧。

柳永《倾杯·鹜落霜洲》

  上阕写景,先交代小舟在雨后夜泊岸边的情景。在霜露覆盖的小洲上,有野鸭飞落,南飞的大雁落脚在雾霭笼罩的小渚,分明是一幅宜人的秋色图。暮雨刚刚停歇,天黑后,一叶小舟停泊在岸边,柳永就寄宿在荒村驿店。那月光下是何人迎风而立?一阵羌笛声在夜空中飘扬,与河岸草丛中的蟋蟀声交相呼应,惹动人的离愁别绪。词人在这里借笛声抒旅怀。"何人月下临风处",很有一番遗世独立的孤傲味道,又有悲凉的意味掺杂其中。

  "蛩音如织"一句,借蟋蟀声触发的无限愁绪引出下阕,触景生情,诉说别后思念。与佳人有千山万水阻隔,如何盼得鸿雁传书?关

---

  ① 高阳人散:引自《史记·郦生陆贾列传》,"郦生食其者,陈留高阳人也"。沛公领兵过陈留,郦食其到军门求见。沛公听说来人是个大儒,使使者出谢曰:"沛公敬谢先生,方以天下为事,未暇见儒人也。"郦生瞋目案剑呵斥使者:"你再进去告诉沛公,吾乃高阳酒徒也,非儒人。"后用以代指酒徒。

山阻隔、鱼雁难通,词人内心的焦虑展露无遗。想那深居绣阁的佳人,哪里知道浪迹天涯的游子如今已是身心俱损、憔悴不堪。这几句话委婉曲折,很让人动容,比女子自诉衷肠更有感人肺腑的效果。巫峡幽会已杳无踪影,高阳酒徒宴席已散,只留下寂寞孤独,不妨我行我素、放荡不羁。到此笔锋转向现实,眺望京都,徒然望断,远方翠峰如云,万千愁绪尽入这幅秋景图中,相思之意、惆怅之情不绝如缕。

全词上下浑然一体,感情波澜起伏,具有很强的艺术感染力。研究者杨海明在《唐宋词史》一书中评价:"这首词,组织了好多景物,为了它的'体物言志'服务。先写'鹜落霜洲',再写'雁横烟渚',然后点出'秋色'二字。在此之后,又写了'暮雨乍歇',以及岸边草丛边切切蛩鸣,以之来补足这幅秋色图的音响效果。以上是写景体物。至于抒情写志,则用了'小楫夜泊'、独宿山村,以及月下闻笛、惹起孤恨来烘托其'离愁万绪'的心情。这样一种把情景交织起来、反复铺写的手法,就使这首词似于'辞赋'的面目了。"

> 一叶扁舟轻帆卷。暂泊楚江南岸。孤城暮角,引胡笳怨。水茫茫,平沙雁、旋惊散。烟敛寒林簇,画屏展。天际遥山小,黛眉浅。
> 旧赏轻抛,到此成游宦。觉客程劳,年光晚。异乡风物,忍萧索、当愁眼。帝城赊,秦楼阻,旅魂乱。芳草连空阔,残照满。佳人无消息,断云远。
>
> 柳永《迷神引·一叶扁舟轻帆卷》

起首两句正是柳永宦游经过楚江时的情景,舟人将风帆收卷,小舟泊入楚江南岸。"暂泊"二字说明停泊只是一次短时间的修整,此时天色渐晚,暂且止宿于此,明朝继续舟行。从流露出的旅途劳顿之感可见词人对羁旅生活的体验。他先采用铺叙手法描写了楚江暮景的特征。"孤城暮角"两句是词人对这个暂作停泊之地的第一感受。孤城中阵阵角声隔空传来,尾随而至的还有一曲胡笳的呜咽声,百般哀怨。傍晚的角声和胡笳声从孤城中响起,这是一枚"催泪弹",让羁旅之人无法承受,旅途寂寞带来的黯然情绪被悲咽的角声和胡笳声搅得无以复加。然后,词人的视角转向水面,将眼中看到的景色展现在读者面前,像一幅淡雅的水墨画。江水白茫茫,大雁栖息在沙滩上,顷刻间被惊得四处飞离。暮霭如烟,将林间笼罩,藏头露尾的秋林如一幅天然优美的画屏徐徐展开。看天边遥遥群山浅浅,娇媚细小如美人弯弯的黛眉。

上阕一笔写尽柳永在傍晚时分的所见所闻,下阕抒发对游宦生涯的感慨,直抒胸臆。他实说游宦生涯的个中滋味,"旧赏"与"游宦",自古两难全,为了"游宦",轻易地从心上人身边离开。那么,游宦生涯如何呢?旅途劳顿,一年又到岁晚。终年四处奔波,不觉一年光景倏然而过,身心逐年衰迟,只觉行役苦涩。从眼前之景联想到世事纷纭。异乡风物不忍看,一片萧索,进入眼中愈添心中愁烦。京城如此遥远,与秦楼楚馆重重阻隔,怎不叫人心烦意乱。帝城、秦楼和流年往事都是柳永年轻时圃居京华、流连坊曲浪漫生活中值得回味的一页。按宋代官制,初等地方职官要想转为京官简直比登天还难,因而在柳永眼中,帝城遥不可及。况且按宋代规定,朝廷命官如果在青楼坊间与歌伎有染,等待他的就是同僚的弹劾。鱼和熊掌不可兼得,柳永不得不断了与歌伎的瓜葛,为旧日生活画上句号,所以他很不情愿地说出"帝城赊,秦楼阻"之句。

下阕写的是实景,在抒情中插入生动多姿的景象,萋萋芳草连绵不断地伸向空阔的天边,余晖洒满河山,柳永的真实意图是在形象地暗示帝都的阻隔之意。佳人杳无音信,像被风吹走的浮云一去不返。"佳人"是指"秦楼"中人,因为种种原因断了旧情,杳无音讯，往日旧情如同远边的残云随风而逝。

　　这首词的格调是哀怨的，结尾处叙说的旧情难续使人动容，从中可以体会到词人对仕途的厌倦，以及对早年生活那梦幻般的回忆却因为"秦楼阻"而带来的痛苦。这首词完全可以看作是柳永生活的一个缩影：少年不得志，客居京都，流连坊曲；中年入仕不得重用，秦楼阻隔，难温旧梦，心中悲苦实难言尽。而苦不堪言却偏要言，词人技巧娴熟，上阕以"暂泊"之愁铺垫，下阕以"游宦"之苦抒情，在挥洒自如的铺叙中托出心中真味。这是柳永五十岁后的心态写真图，也不失为一首典型的羁旅行役之词。作为一名郁郁不得志的文人，柳永深刻的矛盾心理在这首词里纤毫毕现，具有一定的思想意义。

　　到了潭州，知府刘沆已派人来到岸边迎接柳永。刘沆，字冲之，吉州永新人。宋天圣八年（1030年）进士及第，宋仁宗时先后任参知政事、同中书门下平章事，为相期间，大胆启用贤人。有一副热心肠的刘沆作为柳永应开封府考试时的座主，对柳永词早有耳闻，也很同情柳永在仕途上的挫折。现在他手上又有一封蒋堂亲书的来信，自然对柳永宽厚相待。通判之职，乃是协助长官处理日常事务，柳永是一个勤于政务的人，虽然仕途弄人，屡遭贬抑，但仍积极在水乡奔走。

　　远岸收残雨。雨残稍觉江天暮。拾翠汀州人寂静，立双双鸥鹭。望几点、渔灯隐映蒹葭浦。停画桡、两两舟人语。道去程今夜，遥指前村烟树。

　　游宦成羁旅，短墙吟倚闲凝伫。万水千山迷远近，想乡关何处。自别后、风亭月榭孤欢聚。刚断肠、惹得离情苦。听杜宇声声，劝人不如归去。

柳永《安公子·远岸收残雨》

上阕是一幅雨后远景图,独自靠着船舷朝远处的岸边望去,淅淅沥沥的雨点,快要停了。从"收残雨"一句中可知,雨将停,忽然觉得天色渐晚,可知这场雨下了很久。孤舟因雨而受阻,无法行驶,词人窝在岸边的小舟里,一筹莫展,此时除了孤寂别无他想。"雨残稍觉江天暮",宛如一幅淡淡的山水画,乌云还在天空中逗留,晦暗的天色使人感到仿佛已是傍晚时分。接着诗人把视线从远岸收回,转移到较近的汀州上,水边的汀州沉寂一片,看不见采摘香草的女子。放眼望去,只见鸥鹭成双成对立在水边。鸥鹭以汀州为家,成双成对,词人却寂寞地被困在小舟中,拾翠女子早已归去,这一切更显出词人内心的孤寂。时间流逝,天愈发黑了,另一幅画面徐徐展开。

放眼望去,时间已经由暮色转换到夜晚,一阵风掠过芦苇荡,芦苇轻轻摇晃。只见芦苇荡里,渔灯几点,时隐时现。因为是远处所见,中间又有芦荻阻挡视线,所以看到的只是"隐映"的画面。"停画桡"以下四句,写出了词人当下所处之地,以及小舟上的人语声和动作。舟上两人轻声闲谈,一人问:"今晚在哪儿借宿?"另一人用手遥指远处,一处村庄掩映在绿树烟雨之中。这一画面生动简练而传神,"前村烟树"本来是一处实景,但冠以"遥指"二字后,又似虚景。这是词人与船家的对话以及对落脚处的安排,他们对话的神情、口吻以及那个隐约可见的村庄,都通过寥寥几句描述得真真切切。

柳永四处为官,早已成了"他乡客"。下阕写由此引发长年漂泊生活的艰苦。他闲倚桅杆凝望,沉思良久。楼台亭榭依旧,只是再无人欢聚。这不禁让词人的离愁更浓,肝肠寸断。如今孤舟之上,乡情弄人,却又听到杜鹃啼声,仿佛在劝人"不如归去"。杜鹃哪懂得人心,声声劝归,更搅得词人心乱如麻。这首词先景后情,为情所困,以"游宦成羁旅"五字将上阕的景与下阕的情细针密线地串联起来,结构精美,不愧为一首工匠之作。

驱驱行役，苒苒光阴

柳永在苏州、成都和湖南辗转移任，但每一任的时间都不长，也就两年时间。这两年时间在一个对汴京朝思暮想的人看来，无疑是一种煎熬。宋庆历五年（1045年）秋，一纸调令下来，柳永移任华州（今陕西省渭南市华州区）通判。眼看回汴京的愿望又落空，柳永极度失望。在前往华州任上的途中，柳永写下一首《轮台子·一枕清宵好梦》，抒发胸中愁绪。

一枕清宵好梦，可惜被、邻鸡唤觉。匆匆策马登途，满目淡烟衰草。前驱风触鸣珂，过霜林、渐觉惊栖鸟。冒征尘远况，自古凄凉长安道。行行又历孤村，楚天阔、望中未晓。

念劳生，惜芳年壮岁，离多欢少。叹断梗难停，暮云渐杳。但黯黯魂消，寸肠凭谁表。恁驰驱、何时是了。又争似、却返瑶京，重买千金笑。

柳永《轮台子·一枕清宵好梦》

一句"一枕清宵好梦"拉开序幕：词人的眼中之景是他在破晓出行时看见的霜林栖鸟和长安古道边上的孤村。他还沉浸在清静夜晚的温柔梦乡中时，邻里的鸡鸣打破了这场好梦。他只得匆匆骑马踏上征程，只见路边的枯草被轻烟笼罩。马儿佩戴的鸣珂在风中叮当作响，走过枫林，惊飞了栖息的鸟雀。大道上狼烟滚滚，尘埃扑面，遥远的征程使人心惊，终叫人明白自古长安道上好凄凉的深意。远远地，他又从一个人烟稀少的村庄经过，视野中，辽阔的南方天空未晓。

上阕不单单写景，而是在写景中叙事，富有生活气息。他没有说"清宵好梦"的内容，但从他一贯的作风和惋惜口气来看，十有八九与远方的佳人有关，所以才恋恋不舍。古人陆行一般都习惯于早起，当柳永策马扬鞭奔驰在早行的大路上时，看到的是朦胧晓月中的"淡烟衰草"，一路上孤村寂寞凄凉。"楚天阔"是一个地理位置上的跨越，说明他已经从陕西跨入中南地区。此刻，从关中向荆湖望去，天尚未破晓。

下阕由写景转入抒情。想起劳累奔波的生活，词人可惜壮年那些美好的年月，而今聚少离多。漂泊不定的羁旅生涯，如同折断的苇梗漂浮在水面上随波逐流。傍晚的云霞渐渐幽暗，这满腹的悲伤心事向谁诉说？上阕曰"未晓"，下阕曰"暮云"，说明词人从天还未亮一直奔波到黄昏时分，这样的奔走何时才是尽头？他已明显流露出对追名逐利的厌恶，但仍有一件事牵挂于心，那就是如何才能返回美好的京城，再不惜重金博取美人一笑。一个"买"字用得很有特点，既说美人一笑值千金，又入木三分地透露出词人对汴京秦楼楚馆寻欢作乐的渴望。依柳永的性格，这种心态完全在情理之中。

这首词写出了他对辗转为官的行役生活深刻的内心体验。全词格调凄清，一唱三叹，情景生动如画，在宛若一幅水墨画的朦胧意境中，透出无限凄凉，末句尤其表现出词人对游宦生活的厌倦和对自由生活的渴望。

从湖南到华州,一路上舟车劳顿,经过数月奔波,柳永终于来到华州,他的顶头上司是李丕绪。李丕绪乃名门之后,父亲是李仕衡。李仕衡于宋淳化元年(990年)进士及第,宋仁宗初拜尚书左丞。他"前后管计事①二十年,虽才智过人,然素贪,家赀到累钜万,建大第长安里中,严若官府"。李仕衡却生了一个既不爱钱又不爱官的儿子。"丕绪居官廉静,不为矫激。家多图书,集历代石刻,为数百卷藏之。"李丕绪对做官没有兴趣,也不爱财,但他酷爱收藏古董,一听说哪家有古人书画,就是倾家荡产也要收藏,对石刻更是不遗余力。李丕绪与柳永年纪相仿,二人很投缘。李丕绪也曾耳闻柳永因《醉蓬莱·渐亭皋叶下》而得罪宋仁宗的事,所以很同情他。

李丕绪本来就是一个对做官没有兴趣的人,也懒得打理府衙中的事情,而柳永则是个闲不住的人,两人正好取长补短,乐得李丕绪将府中的大小事务交给柳永去办理。华州下辖郑县、华阴、渭南、下邽、蒲城五县,柳永也很愿意到下辖各县走走,体察民情。

或许是柳永多年来流连烟花处所的经历,使他对身处底层的青楼女子怀有深切的同情;或许是柳永生性偏好怜香惜玉,站在弱者一边。柳永在处理公务时有一怪癖,一旦讼牒中出现歌伎的名字,便不准执行。宋人罗烨在《醉翁谈录》中记载了一则柳永在华州为官的经历:"柳耆卿宰华阴日,有不羁子挟仆从游妓,张大声势。妓意其豪家,纵其饮食。仅旬日后,携妓首饰走。妓不平,讼于柳,乞判执照状捕之。"故事的结尾大快人心。一个囊中羞涩的浪子装成公子哥招摇过市,妓女看他表面光鲜,以为他腰缠万贯,便曲意逢迎,和他缠绵数日。不料几天后,那个骗财骗色的男人卷走了妓女

---

① 计事:官职,管理皇家财产事务的官员。

的首饰细软，逃之夭夭。妓女愤愤不平，一纸讼状告到柳永那里，柳永问明实情后按照妓女的意愿，将那不法之徒绳之以法。

柳永在华州干得正欢时，又一纸调令下来，差遣他移任苏州通判。辗转外任两年半，柳永等来的不是召回京城，而是再莅苏州。这时，他已不是失望，而是绝望了。李丕绪和其他同僚为他举行了送别宴会，柳永强压心头的挫败感，强颜欢笑地看着席间歌舞的华州营妓。第二天，柳永从华州登程，一路上驿车途经潼关、崤山等地，每到一处，柳永都要下车逗留一段时间。

伫立长堤，淡荡晚风起。骤雨歇、极目萧疏，塞柳万珠，掩映箭波千里。走舟车向此，人人奔名竞利。念荡子、终日驱驱，争觉乡关转迢递。

何意。绣阁轻抛，锦字难逢，等闲度岁。奈泛泛旅迹，厌厌病绪，迩来谙尽，宦游滋味。此情怀、纵写香笺，凭谁与寄。算孟光、争得知我，继日添憔悴。

柳永《定风波·伫立长堤》

在长堤之上久久伫立，晚风轻柔地吹拂，骤雨初歇，但觉天晚风凉。满目萧条冷清，眼中没有可欣赏之物，唯有千万株柳树种在堤坝上，像一道屏障掩映着奔腾不息的江河。人们争相来到此地，不管通过哪种途径，只管追名逐利。想到旅途之人终日漂泊之苦，这些追逐名利的人怎能察觉到在终日驱驰中与家乡渐行渐远呢。

下阕"何意"二字，将上阕的内容化作一声叹息。自己为了蜗角虚名、蝇头微利轻率地离开"绣阁"，此处代指女方，从而付出沉重代价，那就是抛家别妻、温情不再、岁月蹉跎。如今，心头五味杂陈，身不由己到处任职，早已心生厌倦之意。近来尝遍宦游小吏的滋味,这些心中念想即便写成书信,又能寄给谁呢?即使遇到像孟光那样的贤妻,她也难以知道我一天胜似一天的愁苦,徒增憔悴。

上阕描写眼之所见的景色和名利之客忙于奔走的情景。通过萧条的风光描写,为全词定下了悲凉的感情基调。接下来的悲凉之感一泻千里,通过实质性描写,生动地写出词人内心复杂的情感。下阕抒情怀人,写尽归心似箭的心情。全词格调悲凉,情感深沉,淋漓尽致地写出了下层文人士子在仕宦途中的矛盾心理,可以看出柳永在人生失意的悲叹中对功名利禄的某种否定。

东返苏州,必经汴京,驿车奔驰,汴京在望。

红尘紫陌,斜阳暮草长安道,是离人、断魂处,迢迢匹马西征。新晴。韶光明媚,轻烟淡薄和风暖,望花村、路隐映,摇鞭时过长亭。愁生。伤凤城仙子,别来千里重行行。又记得临歧,泪眼湿、莲脸盈盈。

消凝。花朝月夕,最苦冷落银屏。想媚容、耿耿无眠,屈指已算回程。相萦。空万般思忆,争如归去睹倾城。向绣帏、深处并枕,说如此牵情。

柳永《引驾行·红尘紫陌》

这是一首柳永写自己对远别情人思念之苦的词,上下两阕都贯穿了一个主题——相思。全词无论是时间推移、场景变换,还是铺叙言情,都深情饱满。《引驾行·红尘紫陌》是柳永长调慢词的一个范例,全词以平叙为主,层次多变化,转换自如,从不同角度描述词人的内心活动,对后世创作长调慢词的作者启发很大。

通往京城的路上红尘飞扬,余晖中,长安古道芳草萋萋,满街是川流不息的游子行人。此处最是断魂之地,游宦之人万里迢迢西征而去。天刚放晴,风和日丽,阳光明媚。极目远望,看见繁花盛开的村庄。道路掩映在花草树木下,挥鞭之时,马已疾速飞驰过长亭。因为怀念京城的情人，词人不禁心生忧愁，恍然间他已远在千里之外。还记得分别时，两人双手紧握、相互凝视，她面若莲花，泪水盈眶，叫人刻骨铭心。"摇鞭时过长亭"之句，说明词人已在路上，这是一次苦差事，虽然沿途景致大好，但他触景生情，顾不上欣赏眼前明媚的景致，却一直想着那个萦绕在心的"凤城仙子"。旅途漫长，虽然心里有万千情事可以回忆，但最值得玩味的是二人分别的那一刻。两人执手相看，那张红润的脸，那双噙满泪水的眼睛，永远铭记在心。词作布局巧妙，写的是现实景况，铺叙中又穿插着回忆。至此，这位旅途中的主人公心中的万般愁绪已经淋漓尽致地表现出来了。

上阕对一组旅途中的客观景物进行描写，极尽铺叙之能事，大肆渲染。下阕转换角度，述说相思之苦。分离后，每逢花朝月夕，良辰美景虚度，她空守闺房凄清无比，这是词人联想的情景。最萦绕于心的还是情人那娇媚的容颜，佳人辗转难眠，许是将离人的归期已屈指数好。这一想象写得十分逼真，仿佛确有其事，虚实莫辨。"相萦。空万般思忆"三句有些情绪化，两下情意绵绵，你我空有万般追念回忆，真不如早早归去，好与朝思暮想的情人相会。接下来思念再往深处发展，以至于一发不可收拾，词人恍如进入角色，与佳人绣帐帷幕相拥、同床共枕，将那别离后的万般思念、千般牵持一一与她诉说。这是词人情到深处的真情表白，深情而生动。

宋庆历六年（1046年）春末夏初，柳永到达苏州，此时苏州知州为赵概。赵概，字叔平，南京虞城（今河南省商丘市虞城县）人。赵概原名赵禋，因梦中看到一位神人在名册上书写"赵概"二字，遂改名。赵概在宋天圣五年（1027年）中探花，文武双全，仕途上风生水起，既做过民政地方官，又历职兵部，管理军事。赵概为人性情敦厚持重，寡言少语，曾与欧阳修同在馆阁任职。欧阳修起初很看不起赵概，任知制诰时，以赵概写文章缺少文采为由，把他贬为天章阁待制，但赵概为人清静淡泊，并不以为意。后来，欧阳修的外甥女与人淫乱，与欧阳修有隙的人趁机群起而攻之，对欧阳修的诬蔑之词传到宋仁宗耳中，宋仁宗震怒，但没有人敢站出来为他说句公道话。只有赵概上书替欧阳修辩屈，力赞欧阳修文才出众，劝皇帝不要听信谗言。有人问赵概："你和欧阳修不是有怨恨吗？"赵概坦然说："以私废公，不是我所为。"

宋庆历五年（1045年）五月，赵概以尚书兵部员外郎、知制诰出知苏州。据苏舜钦《广陵郡太君高氏墓志铭》所述："庆历六年秋七月，刑部郎中、知制诰赵公概之寿母，终于苏之官舍。"也就是说，柳永到任不久，赵概便因母丧而解官，在新任知州未来之前，暂由柳永主政。宋庆历七年（1047年）正月，滕宗谅由岳州移任苏州。滕宗谅，字子京，河南洛阳人，宋大中祥符八年（1015年）与范仲淹同举进士。两人大有相见恨晚之感，经常聚在一处说身世，谈抱负，很是投缘。滕宗谅在中国历史上本无名气，因范仲淹一篇《岳阳楼记》而名声大振，"庆历四年春，滕子京谪守巴陵郡。越明年，政通人和，百废俱兴。乃重修岳阳楼，增其旧制，刻唐贤今人诗赋于其上。属予作文以记之"。滕宗谅是柳永中进士时的封印卷首官，故人相见，不胜欣喜。为迎接这位座主，柳永写《永遇乐·天阁英游》赠之。

天阁英游，内朝密侍，当世荣遇。汉守分麾，尧庭请瑞，方面凭心膂。风驰千骑，云拥双旌，向晓洞开严署。拥麾幢、喜色欢声，处处竞歌来暮。

吴王旧国，今古江山秀异，人烟繁富。甘雨车行①，仁风扇动，

---

① 甘雨车行：出自《后汉书》，"百里嵩为徐州刺史，州境遭旱，嵩行部，传车所经，甘雨辄注"。后世便以"甘雨车行"称颂地方长官的德政。

雅称安黎庶。棠郊成政,槐府登贤,非久定须归去。且乘闲、孙阁长开,融尊盛举。

柳永《永遇乐·天阁英游》

从上阕"天阁英游"三句可知滕宗谅不同凡响的身份。他是皇帝身边受宠幸的近臣,享有当世荣耀的际遇。接着赞扬赠主的赫赫战功,再言赠主在苏州为官之气魄与场面;奉旨出任地方长官,手握朝廷的符节,坐镇一方,为军政事务的股肱之臣。"拥朱轓"两句谓赠主有很好的官誉,上任伊始,打开官府大门,就受到百姓爱戴,到处唱着赞颂他的歌。

下阕"吴王旧国"三句描绘了苏州美景。自古以来,苏州就有江山甲天下之异景,人烟稠密,地方富足。接着笔锋一转,直接对赠主歌功颂德,赞颂赠主德政,并预言赠主不久将返回朝廷,受到皇帝重用。结尾"且乘闲"句流露出对赠主的期冀,希望赠主广招贤能之士,共创大业。

这首投献词对赠主歌功颂德,希求博得青睐,尤其结尾三句,流露出想要一试身手的渴望。不难看出,晚年流寓江南的柳永仍对功名心存盼望,并没有彻底与官宦生涯决裂,即便做官做得不如意,但还是希望有一天能得到贵人扶持,改变下层小吏的命运。虽然这首词在思想上没有可取之处,但在艺术上还是可圈可点的。此词极尽铺叙之能事,章法开合有度,笔墨凝练,叙事淡雅,从艺术角度而言,是一首好词。

就在这首投献词写后不久,滕宗谅因病卒于任上。滕宗谅卒后,朝廷先后派来胡宿和梅挚知州事。胡宿,字武平,常州晋陵(今江苏省常州市)人,宋天圣二年(1024年)进士。胡宿在宋仁宗、英宗两朝为官,以居安思危、正直立朝而闻名。据《宋史》评价:"宿为人清谨忠实，内刚外和，群居不哗笑，与人言，必思而后对，故临事重慎，不辄发，发亦不可回。"梅挚，字公仪，北宋成都府新繁县人，宋天圣五年（1027年）进士。梅挚为官勤政爱民，在出任地方官时，很能体察民情。他憎恨官吏贪赃枉法，于是大刀阔斧革除地方弊政，有"廉吏"之誉。梅挚跻身仕途三十二年，清正廉洁，《宋史》评价他"性淳静，不为矫厉之行，政绩如其为人"。柳永的这两位顶头上司都是比他年轻的后起之秀，但他们为人宽厚，因此柳永与他们相处和谐。这年深秋，柳永因公做太湖之行，途中写下一首《凤归云·向深秋》，总结了他对官场名利的参悟。

向深秋，雨余爽气肃西郊。陌上夜阑，襟袖起凉飙。天末残星，流电未灭，闪闪隔林梢。又是晓鸡声断，阳乌光动，渐分山路迢迢。

驱驱行役，苒苒光阴，蝇头利禄，蜗角功名，毕竟成何事，漫相高。抛掷云泉，狎玩尘土，壮节等闲消。幸有五湖烟浪，一船风月，会须归去老渔樵。

柳永《凤归云·向深秋》

这首词上阕写景真实如画，感情从容不迫，内容多为描述，笔调舒缓；下阕言情抒志，语言恣肆，直抒胸臆，笔调急促起伏。在柳词中，有很多前人词中没有的场面和景物描写以及抒发身世感慨的言情托志，拓宽了词的表现领域，这是柳永在词史上一个了不起的贡献。

已是肃杀的深秋，一场秋雨，让人感受到扑面而来的凉爽空气中夹带着的阵阵寒意。走在夜色阑珊的小路上，凉风穿袖。仰望星空，已是破晓时分，正是一天中气温最低的时候。星星在天边尽头隐落，树梢上闪电一阵紧似一阵，电光不停地从树梢上闪烁而过。这可以看作是柳永的经历，因为只有经历过的人才能如此生动地写出来。著名学者叶嘉莹在《唐宋词十七讲》中评价道:"他写羁旅行役,所见的景物,真正的眼中所见,真正的身体所感。这是柳永的成就,他不是因袭陈言,是以他自己的感情和感受的体会来写的。"

"又是晓鸡声断,阳乌光动,渐分山路迢迢",这是一个令人欣慰的转折,黑夜将尽,黎明快要到来。拂晓时分,鸡鸣声起,隐约可见晨光曦微,漫长而崎岖的小路轮廓在晨光中渐渐明晰。天快亮了,但奔波行走的路人并不轻松,末句"迢迢"二字说明路程还很远,也暗示对未来前途不可预知和渺茫之感。

"驱驱行役"六句,一气呵成,恰似一股积郁很久的压抑情绪喷涌而出。一声呐喊,又像是自诘之语,不吐不快,具有强烈的感染力。在柳永词中,出现频率较高的一个词就是"驱驱",也许是因为他一生东奔西走,总在辛苦的跋涉途中,所以常用这个词来表达辛苦艰难的情状,这也从一个侧面反映了柳永一生凄凉的真实状态。柳永是一个心高气傲、有志才高的人,把青春年华虚掷在奔波的路途上,没有比这个更让他痛苦的了。这种"驱驱行役"的意义何在?疲于奔波的行役,不觉间光阴流逝,都只为了那不足挂齿的蝇头利禄和微不足道的蜗角功名。为这"蝇头""蜗角"之类的小利,不值!他一生的壮志就在这些极其微小的"利禄"和"功名"中消耗殆尽了,所以他说"毕竟成何事"。一事无成,徒劳争强斗胜一场。"漫相高"一句是词人对仕途的参悟,把世人夸耀的功名利禄彻底贬得一钱不值。看不到前途的词人只能坐看云起云落,幸好,他还有一条出路,可效仿范蠡携西施驾一叶扁舟在烟波浪涛里泛游五湖。时候到了,该归去终老隐居了。然而,柳永最后并没有像陶渊明那样走隐居的路,只是在词中抒发自己为追求仕途而徒耗年华的牢骚而已。

共君把酒听杜宇，解再三、劝人归去

宋庆历八年（1048年）底，柳永从苏州移任杭州，仍是通判。正是阖家团聚的年关岁尾，诏令命他急速上任，已过花甲之年的柳永不得不匆匆上路，赶往杭州。途中写下一首《彩云归·蘅皋向晚舣轻航》，记录这次行役。

蘅皋向晚舣轻航。卸云帆、水驿渔乡。当暮天、霁色如晴昼，江练静、皎月飞光。那堪听、远村羌管，引离人断肠。此际浪萍风梗，度岁茫茫。

堪伤。朝欢暮散，被多情、赋予凄凉。别来最苦，襟袖依约，尚有余香。算得伊、鸳衾凤枕，夜永争不思量。牵情处，唯有临歧，一句难忘。

柳永《彩云归·蘅皋向晚舣轻航》

一位舟中行客正在放下白帆，向长满杜衡的岸边停靠，天色已晚，行客要在这里泊船过夜。接着，将景物铺陈开来，柳永生动地描写出一幅令人沉醉的夜景。明亮的月光倾泻在平静的江面上,光滑如绸带般的江水潋滟无际,月色与江水上下辉映。置身轻舟的行客在这空阔的江面上,备感孤独,意境虽美,心境却凄然。夜深人静之时,远方飘来阵阵羌笛声,这凄切的羌笛声钻入耳中,引得离人断肠。浓重的悲怆色调逼真地表现出词人在此情此景中的凄苦之意。在这孤寂凄清的环境中,自己就像断梗的浮萍,不知明天身在何处。现状,无法改变;未来,无法期待。

下阕层层铺叙往日的欢乐和凄冷的现状。行客无法忍受"朝欢暮散"的悲伤,"多情"则是引起痛苦的根源,让自己深陷其中难以自拔。因为别离而痛苦至极,只有一味解药,就是"伊"留在襟袖间的余香。接着转换角度,由自己转向对"伊"的"思量"。料想"伊"也是面对长夜孤枕难眠,其语温存体贴,感人至深。接着,词人精心挑选一个耐人寻味的细节:"唯有临岐,一句难忘。"在这个分别的地方,你叮咛我的话,一句也不能忘记。

这首词绘景抒情,生动而韵味淳厚,语言典雅,意境苍茫凄美,不同寻常之处在于写景有全景亦有细节,意境既有优美凄恻的柔婉,又有悠远苍茫的雄浑。写情融感情、幻想、推想和回想于一体,极尽铺陈之能事,相思之情交织着身世漂泊、意志追寻与落空的感叹,情感抒发一咏三叹。柳永喜用俚语俗语,但此词不见一字俚俗,颇有高雅清扬之美,是柳词慢词长调中的佳作。

转眼到了宋皇祐五年(1053年)春,柳永转为后行郎中,即屯田郎中,时人称他"柳屯田"。冯梦龙在《喻世明言·众名姬春风吊柳七》中讲了一个小故事。柳永在屯田员外郎任上时,翰林出缺,吏部上报了柳永的名字,眼看柳永就要从这个地方小官一跃坐上清贵而显要的位置。宋仁宗问吕夷简:"朕欲用柳永为翰林,卿可识此人否?"吕夷简奏道:"此人虽有才华,然恃才高傲,全不以功名为念,见任屯田员外,日夜流连妓馆,大失官箴。若重用之,恐士习由此而变。"意思是柳永虽然是个才子,但对功名并不上心,一心只惦记着花前月下,如果重用此人,恐怕士大夫们都要学着他的模样,把官场风气搞坏了。于是,宋仁宗亲批曰:"柳永不求富贵,谁将富贵求之。任作白衣卿相,风前月下填词。"

柳永是怎么得罪宰相吕夷简的呢?据说吕夷简六十大寿时,以一匹绸缎为酬劳,差人向柳永讨要新词祝寿。柳永欣然应允,写了两首词送去,孰料其中一首词闯下了大祸。

> 腹内胎生异锦,笔端舌喷长江。纵教匹绡字难偿,不屑与人称量。我不求人富贵,人须求我文章。风流才子占词场,真是白衣卿相。
>
> 柳永《西江月·腹内胎生异锦》

这首词不难理解,意思是说柳永满腹锦绣文章,笔下奔腾犹如长江,即便拿一匹丝绸也难换他一个字。他不向人乞求富贵,别人却需要乞求他的文章。他是词场风流才子,是名副其实的白衣卿相。

吕夷简读到"纵教匹绡字难偿,不屑与人称量"之句,不禁笑曰:"当初裴晋公修福光寺,求文于皇甫湜,每字索绢三匹。此子嫌吾酬仪太薄耳。"当读到"我不求人富贵,人须求我文章",便大动肝火:"这小子太轻薄了,老夫有什么好求你的!"所以当宋仁宗问吕夷简柳永是不是可以入翰林时,正好是吕夷简报仇的大好机会。柳永本来有一次仕途转机,但被吕夷简彻底毁了。柳永升迁无望,自此破罐子破摔,干脆日夜醉心于烟花柳巷,自称"奉旨填词"。

这个出自小说家的故事是虚构还是确有其事,难以考证。柳永在词中毫不掩饰地流露出恃才傲物的姿态。从柳永的经历可以看出,他狂傲的性格与社会环境形成了尖锐的矛盾，对他的仕途造成不小的阻力。

宋至和元年（1054年）仲春，孙沔以枢密直学士、给事中知杭州。孙沔，字元规，越州会稽（今浙江省绍兴市）人。宋天禧三年（1019年）进士。史载："沔居官以才力闻，强直少所惮，然喜宴游女色，故中间坐废。"孙沔在杭州任上时，"纵无行，残民不法，被劾致仕"，为官所到之处，劣迹很多。他在杭州任上时，甚至多次夺人之妻，谈不上是一个好官。孙沔比柳永小九岁，虽然二人都有寻花问柳的爱好，却有本质区别。柳永为官体恤民情，有爱民之心，同情弱者，这是他和孙沔本质上的不同。柳永久居下僚，但他本性清高，不大看得起这个劣迹斑斑的顶头上司，内心很抵触，两人格格不入。为了摆脱这种局面，他上书《求致仕表》，试图引退，避免与孙沔共事。

杭州风俗素以奢侈闻名，一年四季，游人赏玩无度，西有湖光潋滟，东有江潮可观，皆天下绝景。八月观潮，钱塘怒潮似千军万马，涛声如雷贯耳，甚是壮观。到了观潮时节，江边人山人海，潮水以雷霆万钧之势从远处扑向岸边，称得上是惊涛骇浪。

东南形胜，三吴都会，钱塘自古繁华。烟柳画桥，风帘翠幕，参差十万人家。云树绕堤沙。怒涛卷霜雪，天堑无涯。市列珠玑，户盈罗绮竞豪奢。

重湖叠巘清嘉①。有三秋桂子，十里荷花。羌管弄晴，菱歌泛夜，嬉嬉钓叟莲娃。千骑拥高牙。乘醉听箫鼓、吟赏烟霞。异日图

---

① 重湖叠巘清嘉：重湖指西湖中的白堤将湖面分割成里湖和外湖。叠巘清嘉指的是灵隐山、南屏山、慧日峰等山外有山、岭外有岭的山势。

将好景，归去凤池①夸。

柳永《望海潮·东南形胜》

上阕开篇"东南形胜，三吴都会，钱塘自古繁华"，点明杭州得天独厚的地理位置，是这首词的核心，提示全词主题。这是一个俯瞰式的镜头，再现了杭州全貌。风景优美的杭州曾是三吴都会，"三吴"旧指吴兴、吴郡、会稽，"钱塘"即杭州。此处称"三吴都会"，将东南一带、三吴地区的重要都市一并囊括在这三句话中。其中，"形胜""繁华"乃点睛之笔。柳树如烟，城内到处可见彩绘的桥梁、挡风的帘子、翠绿的帐幕和高低错落的楼阁，住民约有十万户。环绕钱塘江沙堤的大树亭亭如盖，高耸入云。潮水汹涌澎湃，浪花如云，宽阔的江面一眼望不到边。陈列在商铺里的珠玉珍宝，琳琅满目，家家户户的绫罗绸缎存留有余，争相比奢华。

自"烟柳"以下的语句，从多个角度描写了杭州之"形胜"与"繁华"。"烟柳画桥"写的是街巷河桥之美，"风帘翠幕"写出了居民住宅的雅致，"参差十万人家"使音调从吴侬软语的低语中转为高亢的调门，整个城市的富庶繁荣都在这句话中交代清楚。环绕钱塘江堤的树木，远远望去，郁郁葱葱，浓密如云雾一般。一个"绕"字，形象地写出了长堤迤逦曲折的美景。"怒涛"二字有先声夺人之势，钱塘江水的澎湃之声如雷贯耳。八月观潮，是杭州城内一年一度的盛举，这是描写钱塘江不可或缺的一笔。"市列珠玑"两句紧抓要领，即"珠玑""罗绮"两个细节，以小见大，充分表现了杭州城内经济繁荣，市民富裕。

---

① 凤池：即凤凰池，本是皇帝禁苑中的池沼，魏晋时因中书省靠近宫禁，遂以之为名。

下阕所咏重点在西湖。西湖,蓄洁停沉,圆若宝镜,到宋初时已是秀丽无比。接下来妙笔生花,堪称写景写人的绝佳妙句,"有三秋桂子,十里荷花。羌管弄晴,菱歌泛夜,嬉嬉钓叟莲娃"。秋日金桂飘香,夏日十里荷花;晴天渔人欢畅地吹奏羌笛,夜晚划船采菱唱歌,钓鱼的老翁、采莲的姑娘都喜笑颜开。作为季节性的典型景物,山中的"桂子"、湖中的"荷花"尤能代表杭州的特点。这两句话凝练至极,把西湖乃至整个杭州最美的特征表现出来,读来有一种沁人心脾的感动和神清气爽的艺术效果。湖面上优美的笛声和采菱的歌声荡漾着,不绝于耳。一个"泛"字,如神来之笔,巧妙而生动,点明这一切都发生在湖中的船上。"嬉嬉钓叟莲娃"是个暖色调的词组,钓鱼的老翁吹着羌笛,采莲的女子唱着清歌,悠扬的笛声和甜美的歌声汇成美妙乐章。

接着是达官贵人的出场。"千骑拥高牙"两句,尽显骑着高头大马的长官威风凛凛的场面。巡察归来的长官在上千名骑兵的簇拥下缓缓而来,尽现显赫之势。长官被箫鼓管弦的乐声所陶醉,雅兴大发,这位威武的长官在微醺中吟诗作词,赞赏眼中美丽的湖光山色。待他日,要把这美景描绘出来,回京升官时,作为向同僚夸耀的资本。

关于这首词的创作年代,历来有两说。词学家吴熊和在《柳永与孙沔的交游及柳永卒年新证》中考证此词为宋至和元年(1054年),柳永在杭州赠资政殿学士、知杭州孙沔而作。孙沔向来被误作孙何。据宋代罗大经在笔记集《鹤林玉露》中载,柳永到了杭州后,得知老友孙何正任两浙使,大喜过望,赶紧上门拜访。无奈孙何家门禁甚严,一介布衣的柳永来求见,门卫自然不待见他。柳永见不着老友,便想了一个办法,请来当地一位有名气的歌女,对她说,如果孙何在宴会上点名要她唱歌,就唱这首《望海潮·东南形胜》。

歌女言听计从，果然在宴会反复唱这首词，孙何被吸引，便问词作者是谁，歌女回答说是柳三变。于是，孙何派人请来柳永，吃了一顿饭，然后客客气气打发柳永走了，并没有在仕途上助柳永一臂之力。这两种说法，究竟哪一种比较靠谱？只有一个事实相对准确，据考证，孙何当过两浙转运使，但没有做过杭州太守，所以传闻中的孙何极有可能是当时知杭州的孙沔。

作为柳词中的传世之作，这首词匠心独运，全词看似蜻蜓点水、浮光掠影，实则以点带面、明暗交织、铺叙晓畅，一片行云流水，以大开大阖、波澜起伏的笔调，浓墨重彩地渲染了当时杭州鼎盛的繁华景象。此词慢声长调和抒情彼此相应，音律协调，情致婉转，特别是有数字的词组很有特色，"三吴都会""十万人家""三秋桂子""十里荷花""千骑拥高牙"，都是神来之笔，或虚或实，夸张恰到好处，南宋陈振孙在《直斋书录解题》中评其为"承平气象，形容曲尽"。一百多年后，金朝皇帝完颜亮读到这首词，不由得心驰神往，对西湖魂牵梦萦，"遂起投鞭渡江之志"，此事也被罗大经记录在《鹤林玉露》中。金人南侵失败后，南宋诗人谢处厚写诗指责柳永的《望海潮·东南形胜》是引狼入室的罪魁祸首。实际上这种指责毫无道理，金人南侵是北宋统治阶级昏聩无能的结果，不应该拉柳永来背黑锅。

宋至和二年（1055 年）四月，孙沔告诉柳永即将返京的消息，因为他已经得到邸报，但不知此次回京后有何差遣。柳永已六十八岁了，也许，此次返京就是让他致仕。临走之前，孙沔为他举行告别宴会，席间，歌伎献歌佐酒，很是热闹。柳永感怀，赋词一首。

天幕清和堪宴聚。相得尽、高阳俦侣。皓齿善歌长袖舞。渐引入、醉乡深处。

晚岁光阴能几许。这巧宦、不须多取。共君把酒听杜宇。解再三、劝人归去。

柳永《思归乐·天幕清和堪宴聚》

天气清和，恰逢宴饮聚会。酒友情深，彼此投合。佳丽们轻歌曼舞，渐渐把人引入朦胧的醉乡深处。

岁暮的光阴能有几何？不靠功绩只凭机缘就可以升官的巧宦，犯不着劳神费力多方谋求。且和酒友举杯畅饮，让我们一起听杜鹃鸟的啼鸣。那啼血的哀鸣，仿佛是再三劝人回故乡。

出现在词中的"巧宦"一词，毫不掩饰地抨击那些在仕宦之途不靠事功、凭机缘或巧舌如簧、诌媚钻营的人。所谓"汉庭荣巧宦，云阁薄边功"，柳永在此用"巧宦"二字用意何在？他本人绝对不是巧宦，是影射孙沔吗？可能还不至于当着孙沔的面说这些伤感情的话。他是泛指那些没有真本事，靠着左右逢源、投机取巧而青云直上的人。单看末尾两句"共君把酒听杜宇。解再三、劝人归去"，便使人心生复杂而莫名的忧伤，这是一个多年漂泊在外的游子深刻的内心体验。柳永只在福建武夷老家度过几年短暂的童年时光，一生中大部分时间是在汴京度过的，故汴京就是他的第二故乡。经历了十几年在外漂泊的生活后，他的游宦生涯终于画上句号。他要回到汴京了，虽然谈不上荣归故里，至少，在六十八岁的柳永心中，也有落叶归根之感叹。

柳永此次返回汴京，再没有他的任何差遣，以职方郎中致仕居家了。致仕后的柳永无官一身轻，重新回到依红偎翠的生活中。汴京城内，红灯绿酒，笙歌曼舞，通宵达旦。挣脱了仕宦枷锁的柳永再也没有功名之虞，自由地流连于京城的教坊歌馆。

在柳永生命中的最后时光，他应该是过得既潇洒又快乐。至于他究竟卒于哪一年却是一个未解之谜。最大的可能是与宋嘉祐五年（1060年）五月发生的那场瘟疫有关。据《续资治通鉴长编》载："京师大疫，贫民为庸医所误，死者甚众，其令翰林医官院选名医于散药处参问疾状而给之。己丑，京师地震。"又是瘟疫又是地震，在层层阴影笼罩京城的情况下，一个七旬老人很可能逃不过这一劫。从一些宋人笔记上看，柳永卒于宋嘉祐五年（1060年）七月。关于他的死因，冯梦龙在《众名姬春风吊柳七》中给出的说法很有神话色彩。一天，柳永在名姬赵香香家中睡觉，忽然梦中见一黄衣吏从天而降，对他道："奉玉帝敕旨，《霓裳羽衣曲》已旧，欲易新声，特借重仙笔，即刻便往。"柳永惊醒，对赵香香道："适蒙上天见召，我将去矣。各家姊妹可寄一信，不能候之相见也。"言毕，瞑目而坐。香香视之，已死矣。

关于柳永的身后事，各种传闻甚嚣尘上。《众名姬春风吊柳七》说，出殡那天，只见一片缟素，远望如白虬蜿蜒，全城妓家倾巢出动，哭声震天。柳永生前的一些官僚朋友也来送他最后一程，见状自觉羞愧，掩面而返。自那以后，每到春风骀荡的清明前后，诸名姬各备祭礼，相约前往柳七官人坟上拜扫。曾经与柳永爱得死去活来的谢玉英，在小说家虚构的文学作品中有了浪漫而凄美的命运安排。柳永死后不出两月，谢玉英哀伤过度，患重病而死，葬在柳永墓侧，为日后许多小说、戏剧创作柳永与谢玉英的爱情故事提供了素材。

柳永到底葬在哪里，历来也是众说纷纭。宋代叶梦得在《避暑录话》中提到："永终屯田员外郎，死旅，殡润州僧寺，王和甫为守时，求其后不得，乃为出钱葬之。"如果这条记载可信，柳永即死于润州。润州位于江苏镇江东南部，与柳永死于汴京的说法有悖。从"死旅"二字来推断，柳永不是死于汴京而是死于旅途中，也就是说，柳永致仕以后离开了汴京流寓在江南一带，但有关这段流寓生涯的记录却很少。还有一说，柳永死于兴隆镇花山，支持这一说法的有宋人曾敏行、元人陈元靓。据说柳永晚年游历到湖北枣阳，靠填词作曲度日，与教坊乐工和歌伎往来甚密，后来死在枣阳兴隆一带，由歌伎们凑钱将他安葬在花山上。《枣阳县志》亦有记载："宋词人柳耆卿墓在兴隆镇花山。"根据宋人祝穆的记载，柳永死时"家无余财，由群妓合资葬于襄阳南门外"。又有一说，柳永葬于真州（今江苏省扬州市仪征市）。《嘉庆扬州府志》载，柳永墓位于仪征西七里，接近胥浦。王士禛在《分甘余话》中考证说，柳永葬于真州，其墓位于仪征西。大多数人支持柳永葬于镇江一说，这也许是柳永死于润州的一个证据。柳永或死于汴京，由他的儿子柳涚改葬于镇江。

如今，在柳永的故乡福建省武夷山建有柳永纪念馆，是一座三层楼的仿宋民间建筑。馆前草坪上，绿草如茵，有柳永的全身铜像，在旁边一块长方形石头上，刻有柳永墓冢介绍："抔土还乡碑记，公元二〇〇四年九月，值武夷山柳永纪念馆新馆落成之际，柳永仙冢抔土自镇江北固山分移至此。千载游子今朝还乡，一代词宗魂归故里。"